Herausgegeben vom
Arbeitgeberverband der Versicherungsunternehmen
in Deutschland

Tarifverträge
für die private Versicherungswirtschaft

Herausgegeben vom
Arbeitgeberverband der Versicherungsunternehmen
in Deutschland

Tarifverträge

für die private Versicherungswirtschaft

Stand: 1. Januar 2020

Bibliografische Information der Deutschen Nationalbibliothek

Die Deutsche Nationalbibliothek verzeichnet diese Publikation in der Deutschen Nationalbibliografie; detaillierte bibliografische Daten sind im Internet über http://dnb.d-nb.de abrufbar.

 Beachten Sie bitte stets unseren Aktualisierungsservice auf unserer Homepage unter:
vvw.de → Service → Ergänzungen/Aktualisierungen
Dort halten wir für Sie wichtige und relevante Änderungen und Ergänzungen zum Download bereit.

Gleichstellungshinweis
Zur besseren Lesbarkeit wird auf geschlechtsspezifische Doppelnennungen verzichtet.

ISBN   978-3-96329-310-8

Inhaltsverzeichnis

Rationalisierungsschutzabkommen für
das private Versicherungsgewerbe (RSchA)
(in der ab 23.5.2015 geltenden Fassung)

Tarifvereinbarung
über vermögenswirksame Leistungen
für das private Versicherungsgewerbe (TV VwL)
(in der ab 1.1.2004 geltenden Fassung)

Tarifvertrag zur Qualifizierung (TVQ)
(in der ab 1.1.2018 geltenden Fassung)

Altersteilzeitabkommen
für das private Versicherungsgewerbe (ATzA)
(in der ab 30.11.2019 geltenden Fassung)

Altersteilzeitabkommen
für das private Versicherungsgewerbe (ATzA)
(in der bis 31.12.2005 geltenden Fassung)

Altersteilzeitabkommen für den organisierenden Werbeaußendienst des privaten Versicherungsgewerbes (ATzA Außendienst) (in der ab 30.11.2019 geltenden Fassung)

Altersteilzeitabkommen für den organisierenden Werbeaußendienst des privaten Versicherungsgewerbes (ATzA Außendienst) (in der bis 31.12.2005 geltenden Fassung)

4. Auflage Januar 2020

Anhang

Gehaltstarifvertrag (GTV)

für das private Versicherungsgewerbe

(in der ab 30.11.2019 geltenden Fassung)

§ 1   Monatsbezüge für Angestellte nach Teil II des Manteltarifvertrages

gültig seit 1.12.2018

Berufsjahr	Gehaltsgruppe							
	I €	II €	III €	IV €	V €	VI €	VII €	VIII €
im 1.	2.595	2.621	2.701	2.765	-	-	-	-
im 2. u. 3.	-	2.766	2.776	2.881	-	-	-	-
im 4. u. 5.	-	-	2.929	2.993	3.171	-	-	-
im 6. u. 7.	-	-	3.085	3.104	3.285	3.464	3.648	-
im 8. u. 9.	-	-	-	3.213	3.423	3.644	3.861	4.203
im 10. u. 11.	-	-	-	3.324	3.574	3.829	4.083	4.492
im 12. u. 13.	-	-	-	3.433	3.725	4.015	4.308	4.778
vom 14. an	-	-	-	-	3.880	4.203	4.528	5.068

gültig ab 1.4.2020

Berufsjahr	Gehaltsgruppe							
	I €	II €	III €	IV €	V €	VI €	VII €	VIII €
im 1.	2.668	2.694	2.777	2.842	-	-	-	-
im 2. u. 3.	-	2.843	2.854	2.962	-	-	-	-
im 4. u. 5.	-	-	3.011	3.077	3.260	-	-	-
im 6. u. 7.	-	-	3.171	3.191	3.377	3.561	3.750	-
im 8. u. 9.	-	-	-	3.303	3.519	3.746	3.969	4.321
im 10. u. 11.	-	-	-	3.417	3.674	3.936	4.197	4.618
im 12. u. 13.	-	-	-	3.529	3.829	4.127	4.429	4.912
vom 14. an	-	-	-	-	3.989	4.321	4.655	5.210

gültig ab 1.6.2021

Berufsjahr	Gehaltsgruppe							
	I €	II €	III €	IV €	V €	VI €	VII €	VIII €
im 1.	2.721	2.748	2.833	2.899	-	-	-	-
im 2. u. 3.	-	2.900	2.911	3.021	-	-	-	-
im 4. u. 5.	-	-	3.071	3.139	3.325	-	-	-
im 6. u. 7.	-	-	3.234	3.255	3.445	3.632	3.825	-
im 8. u. 9.	-	-	-	3.369	3.589	3.821	4.048	4.407
im 10. u. 11.	-	-	-	3.485	3.747	4.015	4.281	4.710
im 12. u. 13.	-	-	-	3.600	3.906	4.210	4.518	5.010
vom 14. an	-	-	-	-	4.069	4.407	4.748	5.314

§ 1a Gehälter für Neueinstellungen der Gehaltsgruppen A und B

gültig seit 1.12.2018

Gehaltsgruppe A:	1.734 € 1.799 €	1. Berufsjahr ab dem 2. Berufsjahr
Gehaltsgruppe B:	1.926 € 1.992 € 2.057 €	1. Berufsjahr 2. und 3. Berufsjahr ab dem 4. Berufsjahr

gültig ab 1.4.2020:

Gehaltsgruppe A:	1.783 € 1.849 €	1. Berufsjahr ab dem 2. Berufsjahr
Gehaltsgruppe B:	1.980 € 2.048 € 2.115 €	1. Berufsjahr 2. und 3. Berufsjahr ab dem 4. Berufsjahr

gültig ab 1.6.2021:

Gehaltsgruppe A:	1.819 € 1.886 €	1. Berufsjahr ab dem 2. Berufsjahr
Gehaltsgruppe B:	2.020 € 2.089 € 2.157 €	1. Berufsjahr 2. und 3. Berufsjahr ab dem 4. Berufsjahr

§ 2   Vergütung für Auszubildende

gültig seit 1.12.2018

im 1. Ausbildungsjahr 972 €
im 2. Ausbildungsjahr 1.047 €
im 3. Ausbildungsjahr 1.131 €

gültig ab 1.4.2020

im 1. Ausbildungsjahr 1.040 €
im 2. Ausbildungsjahr 1.115 €
im 3. Ausbildungsjahr 1.200 €

gültig ab 1.6.2021

im 1. Ausbildungsjahr 1.070 €
im 2. Ausbildungsjahr 1.145 €
im 3. Ausbildungsjahr 1.230 €

§ 2a   Fahrtkostenzuschuss

Die Angestellten erhalten zu ihren nachgewiesenen Kosten für Fahrten zwischen Wohnung und Arbeitsstätte mit öffentlichen Verkehrsmitteln im Linienverkehr einen Zuschuss in Höhe von maximal 20 € monatlich, die Auszubildenden von maximal 25 € monatlich. Betriebliche Leistungen werden angerechnet.

Dieser Zuschuss wird so lange gezahlt, wie dafür Steuer- und Sozialversicherungsfreiheit gegeben ist.

§ 3   Mindesteinkommen für Angestellte nach Teil III des Manteltarifvertrages

1.   Das monatliche Mindesteinkommen für die Angestellten des Werbeaußendienstes beträgt 2.110 €.

     Nach zweijähriger ununterbrochener Unternehmenszugehörigkeit beträgt das Mindesteinkommen 2.050 €.

2.   Angestellte, die aufgrund ihres Anstellungsvertrages ausschließlich[1] haupt- und/oder nebenberufliche Mitarbeiter anwerben und einarbeiten sowie unterstellte Mitarbeiter betreuen (organisierender Außendienst), erhalten nach zweijähriger Tätigkeit in dieser Aufgabe ein Mindesteinkommen von monatlich 2.530 €.

---

1   Gelegentliche Vermittlung in anderen Sparten für Konzernunternehmen steht der Anwendung dieser Regelung nicht entgegen.

§ 4   Zulagen

1.   Verantwortungszulagen

gültig seit 1.12.2018

	§ 7 Ziff. 1 MTV	§ 7 Ziff. 2 MTV
Gehaltsgruppe II	272,00 €	136,00 €
Gehaltsgruppe III	282,00 €	141,00 €
Gehaltsgruppe IV	290,00 €	145,00 €
Gehaltsgruppe V	298,00 €	149,00 €
Gehaltsgruppe VI	309,00 €	154,50 €
Gehaltsgruppe VII	315,00 €	157,50 €
Gehaltsgruppe VIII	325,00 €	162,50 €

gültig ab 1.4.2020

	§ 7 Ziff. 1 MTV	§ 7 Ziff. 2 MTV
Gehaltsgruppe II	280,00 €	140,00 €
Gehaltsgruppe III	290,00 €	145,00 €
Gehaltsgruppe IV	298,00 €	149,00 €
Gehaltsgruppe V	306,00 €	153,00 €
Gehaltsgruppe VI	318,00 €	159,00 €
Gehaltsgruppe VII	324,00 €	162,00 €
Gehaltsgruppe VIII	334,00 €	167,00 €

gültig ab 1.6.2021

	§ 7 Ziff. 1 MTV	§ 7 Ziff. 2 MTV
Gehaltsgruppe II	286,00 €	143,00 €
Gehaltsgruppe III	296,00 €	148,00 €
Gehaltsgruppe IV	304,00 €	152,00 €
Gehaltsgruppe V	312,00 €	156,00 €
Gehaltsgruppe VI	324,00 €	162,00 €
Gehaltsgruppe VII	330,00 €	165,00 €
Gehaltsgruppe VIII	341,00 €	170,50 €

2. Sozialzulage für den Werbeaußendienst nach § 19 Ziff. 2 MTV

für Arbeitnehmer ohne unterhaltsberechtigte Kinder 46 €
für Arbeitnehmer mit einem unterhaltsberechtigten Kind 56 €
für Arbeitnehmer mit zwei unterhaltsberechtigten Kindern 66 €
für Arbeitnehmer mit drei und mehr unterhaltsberechtigten
Kindern 77 €

§ 5 Geltungsdauer

Der Gehaltstarifvertrag kann mit einmonatiger Frist zum Monatsende, erstmals zum 31.1.2022, die §§ 3 und 4 Ziff. 2 erstmals zum 31.12.2019 gekündigt werden.

München, den 30.11.2019

Unterschriften

Der Gehaltstarifvertrag wurde vom Arbeitgeberverband mit der Dienstleistungsgewerkschaft ver.di, der DHV und dem DBV abgeschlossen.

Manteltarifvertrag (MTV)

für das private Versicherungsgewerbe

(in der ab 1.1.2020 geltenden Fassung)

I. Allgemeine Bestimmungen

§ 1 Geltungsbereich

1. Der Tarifvertrag gilt im Gebiet der Bundesrepublik Deutschland.

2. Der Tarifvertrag regelt die Arbeitsverhältnisse aller Arbeitnehmerinnen und Arbeitnehmer einschließlich der Auszubildenden.

   Vorstandsmitglieder und sonstige gesetzliche Vertreter von Versicherungsunternehmungen sowie leitende Angestellte i.S.v. § 5 Abs. 3 BetrVG[1] sind nicht Angestellte im Sinne dieses Tarifvertrages.

   Der Tarifvertrag findet keine Anwendung auf

   a) Angestellte, die ihre Tätigkeit aushilfsweise nicht länger als 3 Monate oder nebenberuflich[2] ausüben;

   b) Angestellte im Reinigungsdienst und Küchenhilfsdienst, die noch nicht 6 Monate dem Unternehmen angehören;

   c) Angestellte in unternehmenseigenen, aber nicht von dem Versicherungsunternehmen als Betriebsstätte benutzten Gebäuden; dies gilt nicht für Hausmeisterinnen/Hausmeister und Angestellte im technischen Bereich (z.B. Heizungs- und Wartungsperso-

---

1 Protokollnotiz vom 8.8.1994:
„Die Tarifvertragsparteien sind darüber einig, dass das Gehalt allein in diesem Zusammenhang kein Kriterium für die Leitenden-Eigenschaft sein kann (§ 5 Abs. 4 Ziff. 3 und 4 BetrVG) und dass Prokuristen wie bisher in jedem Fall aus dem Geltungsbereich des Manteltarifvertrages herausfallen."

2 Protokollnotiz vom 1.7.2012:
„Nebenberuflich ist eine Tätigkeit jedenfalls dann, wenn der Arbeitnehmer regelmäßig nicht mehr als 25 % der durchschnittlichen Wochenarbeitszeit beschäftigt wird und einer anderweitigen Erwerbstätigkeit, einer Schul-, Berufsausbildung oder einem Studium nachgeht oder eine Leistung der Sozialversicherungsträger (z.B. Rente) oder des Staates, ausgenommen Aufstockungszahlungen im Rahmen des Arbeitslosengeldes II (SGB II), zu seinem Lebensunterhalt bezieht."

nal, Reparaturdienst), die für das Unternehmen hauptberuflich tätig sind.

3. Für die Angestellten des Werbeaußendienstes gelten anstelle der Vorschriften des Teils II die Bestimmungen des Teils III des Manteltarifvertrages.

§ 2 Einstellung

1. Neu Eingestellte erhalten vor Dienstantritt eine schriftliche Anstellungsbestätigung, in der die vereinbarte Tätigkeit sowie die Vergütung und ihre Zusammensetzung nach Grund und Höhe enthalten sind. Einzelvertragliche Änderungen sind schriftlich zu bestätigen.

2. Ziff. 1 gilt auch für die Übernahme von Auszubildenden in ein Arbeitsverhältnis. Der Arbeitgeber prüft möglichst frühzeitig – spätestens jedoch 3 Monate vor der voraussichtlichen Beendigung der Ausbildungsverhältnisse –, wie viele Auszubildende in ein Arbeitsverhältnis übernommen werden können, und berät hierüber im Rahmen der Personalplanung mit der Arbeitnehmervertretung. Der Arbeitgeber und die Auszubildenden unterrichten sich gegenseitig möglichst frühzeitig – spätestens jedoch einen Monat vor der voraussichtlichen Beendigung des Ausbildungsverhältnisses – darüber, ob im Anschluss an die Ausbildung die Eingehung eines Arbeitsverhältnisses beabsichtigt ist. Mitwirkungsrechte der Arbeitnehmervertretungen gem. §§ 92 ff. und 99 BetrVG und den entsprechenden Bestimmungen der Personalvertretungsgesetze sind zu beachten.

4. Auflage Januar 2020

II. Bestimmungen für Angestellte des Innendienstes und des Außendienstes, soweit sie nicht unter Teil III fallen

§ 3 Arbeitsentgelt

1. Das Arbeitsentgelt richtet sich nach der Art der Tätigkeit.

2. Die Bezüge, deren Höhe in §§ 1, 1a, 2 und 4 Ziff. 1 des Gehaltstarifvertrages geregelt ist, sowie die Tätigkeitszulage und die Schichtzulagen nach § 11 Ziff. 5 sind Monatsbezüge. Sie entsprechen der regelmäßigen Arbeitszeit nach § 11 Ziff. 1 und werden bei Teilzeitbeschäftigung anteilig gezahlt. Die Auszahlung erfolgt nachträglich, spätestens am letzten Arbeitstag des Monats.

   Wird die Ausbildungszeit verkürzt, so gilt bei der Berechnung der Ausbildungsvergütungen ab dem Zeitpunkt der Verkürzung der Zeitraum, um den die Ausbildungszeit verkürzt worden ist, als abgeleistete Ausbildungszeit.

3. Angestellte, deren Monatsbezüge das höchste im Gehaltstarifvertrag geregelte Monatsgehalt zuzüglich Verantwortungszulage – und, sofern die/der Angestellte Anspruch auf Schichtzulage hat, dieser Schichtzulage – nicht um mehr als 10 % übersteigen, erhalten im letzten Quartal des Kalenderjahres eine Sonderzahlung in Höhe von 80 % ihres Bruttomonatsgehalts. Durch Betriebsvereinbarung kann von diesem Zahlungszeitraum abgewichen werden. Maßgebend für die Höhe der Sonderzahlung ist das Monatsgehalt des Auszahlungsmonats einschließlich der tariflichen Zulagen. Dabei werden Änderungen der regelmäßigen Arbeitszeit der/des Angestellten im 2. Kalenderhalbjahr (z.B. Übergang von Vollzeit- auf Teilzeitbeschäftigung) anteilig berücksichtigt. Hat die/der Angestellte im Auszahlungszeitpunkt weder Anspruch auf Bezüge gemäß Ziff. 2 noch auf Leistungen gemäß § 10 Ziff. 1, so ist das zuletzt bezogene Gehalt maßgebend.

   Der Anspruch auf die Sonderzahlung entsteht nach Überführung eines etwaigen Probearbeitsverhältnisses in ein festes Arbeitsverhältnis, dann aber rückwirkend ab Beginn des Arbeitsverhältnisses.

Für jeden Monat im 2. Kalenderhalbjahr, in dem die/der Angestellte nicht für wenigstens 15 Tage Anspruch auf Bezüge gemäß Ziff. 2 oder auf Leistungen gemäß § 10 Ziff. 1 bis 3 oder auf Leistungen für die Zeiten der Schutzfristen und Beschäftigungsverbote nach dem Mutterschutzgesetz hat, wird die Sonderzahlung um $1/6$ gekürzt. Eine Kürzung unterbleibt, wenn die/der Angestellte nur deshalb keine Zahlungen gemäß § 10 Ziff. 2 und 3 erhält, weil das Krankengeld bereits 90 % der Gesamtnettobezüge ausmacht. Die aufgrund der Inanspruchnahme von Elternzeit gekürzte Sonderzahlung wird der/dem Angestellten anteilig für die bis zur Vollendung der ersten 4 Lebensmonate des Kindes in Anspruch genommenen Elternzeit nachgezahlt, wenn das Arbeitsverhältnis im Anschluss an die Elternzeit für mindestens 6 Monate fortgesetzt wird. Zeiträume, für die der/dem Angestellten weder Bezüge gem. Ziff. 2 noch Leistungen gem. § 10 Ziff. 1 zustehen, bleiben dabei außer Betracht.

Angestellte, deren Arbeitsverhältnis im Auszahlungszeitpunkt beendet ist, haben keinen Anspruch – auch nicht anteilig – auf die Sonderzahlung. Das Gleiche gilt für Angestellte, die in einem gekündigten Arbeitsverhältnis stehen, außer im Falle betriebsbedingter Arbeitgeberkündigung. Pensionierung, auch wegen voller oder teilweiser Erwerbsminderung, gilt nicht als Kündigung.

Die Sonderzahlung wird auf Sonderzuwendungen des Arbeitgebers (Gratifikationen, Ergebnisbeteiligungen u. Ä.) angerechnet.

Auf der Basis freiwilliger Betriebsvereinbarung oder individualvertraglich kann auf Wunsch der Angestellten die vollständige oder teilweise Abgeltung der Sonderzahlung durch Freizeit vereinbart werden. Angestellte in Organisationseinheiten, die gemäß den Regelungen eines Interessenausgleichs von einem Personalabbau betroffen sind, haben einen Rechtsanspruch auf Abgeltung der tariflichen Sonderzahlung in Freizeit, soweit einer solchen Umwandlung keine betrieblichen Gründe entgegenstehen. In Fällen, in denen kein Interessenausgleich zustande kommt, gilt vorstehende Regelung für die Dauer der Personalabbaumaßnahme. Die Geltendmachung des Rechtsanspruchs muss jeweils für das Folgejahr bis zum 31.12. des Vorjahres angemeldet werden. Die Umwandlung erfolgt durch Gewährung voller Freizeittage. Die zeitliche Festlegung der Freizeitgewährung erfolgt entsprechend den hierfür geltenden Regelungen für die Urlaubsgewährung (insbesondere § 7 Abs. 1 Satz 1 BUrlG). Durch freiwillige Betriebsvereinbarung können die Modalitäten des Rechtsanspruchs (Sätze 4 und 5) abweichend von den vorgenannten Bestimmungen geregelt werden.

4. Angestellten, die aufgrund der in Abs. 2 aufgeführten gesetzlichen Vorschriften von der Rentenversicherungspflicht befreit wurden, ist die Hälfte der jeweiligen Aufwendungen für eine Befreiungsversicherung zu zahlen, jedoch nicht mehr als der Arbeitgeberbeitrag ausmacht, der ohne Befreiung gezahlt werden müsste.

Befreiungsvorschriften im Sinne des Abs. 1 sind:

Gesetz zur Beseitigung von Härten in den gesetzlichen Rentenversicherungen und zur Änderung sozialrechtlicher Vorschriften vom 9.6.1965, Art. 2 § 2 Ziff. 1; Gesetz zur Verwirklichung der mehrjährigen Finanzplanung des Bundes, II. Teil – Finanzänderungsgesetz 1967 – vom 21.2.1967, Art. 2 § 2 Nr. 1; § 20 des Gesetzes über die Sozialversicherung vom 28.6.1990 (GBl. DDR I Nr. 38 S. 486); § 6 Abs. 1 Nr. 1 Sozialgesetzbuch VI.

Die Zahlungen nach Abs. 1 sind bei Vorliegen einer Arbeitsunfähigkeit i.S.v. § 10 Ziff. 1 über den Zeitraum von 6 Wochen hinaus zu leisten, wenn und solange die Voraussetzungen für die Gewährung von Zuschuss, Krankenzulage oder Krankenbeihilfe nach § 10 Ziff. 2 vorliegen.

5. Angestellte, die wegen Überschreitens der Jahresarbeitsentgeltgrenze nicht versicherungspflichtig in der gesetzlichen Krankenversicherung oder die von der Krankenversicherungspflicht befreit sind, erhalten bei Vorliegen der Voraussetzungen des § 257 SGB V die in dieser Bestimmung geregelten Beitragszuschüsse. Soweit im Falle der Arbeitsunfähigkeit die Aufwendungen der/des Angestellten weiterlaufen, gilt Ziff. 4 Abs. 3 entsprechend.

Die Bestimmung des Abs. 1 gilt nicht in Unternehmen, die ihren Angestellten Beihilfe nach den im Öffentlichen Dienst geltenden Grundsätzen gewähren.

6. Die Angestellten können auf geldliche Ansprüche aus dem Tarifvertrag widerruflich verzichten, wenn sich dieser Verzicht wirtschaftlich zu ihren Gunsten auswirkt. Ein etwaiger Widerruf gilt nur für die Zukunft. Ein Verzicht ist von den Angestellten dem Arbeitgeber gegenüber schriftlich auszusprechen; bei Minderjährigen ist die schriftliche Zustimmung des gesetzlichen Vertreters erforderlich[1].

7. Die Angestellten haben Anspruch auf Ersatz ihrer Verpflegungsmehraufwendungen in Höhe der jeweils geltenden steuerfreien Sätze (§§ 3 Nr. 13, 16 i.V.m. 9 Abs. 4a Sätze 2 und 3 EStG). Einzelheiten können im Arbeitsvertrag oder in einer freiwilligen Betriebsvereinbarung geregelt werden. Von Satz 1 abweichende Regelungen sind durch freiwillige Betriebsvereinbarung möglich.[2]

§ 4 Gehaltsgruppenmerkmale und Eingruppierung

1. Gehaltsgruppenmerkmale

Die Gehälter der Angestellten richten sich nach folgenden Gehaltsgruppenmerkmalen:

I. Tätigkeiten, die nur eine kurze Einweisung erfordern.

II. Tätigkeiten, die Kenntnisse oder Fertigkeiten voraussetzen, wie sie im Allgemeinen durch eine planmäßige Einarbeitung erworben werden.

---

1   Protokollnotiz vom 12.5.1989:
    „Die Tarifvertragsparteien sind darüber einig, dass § 3 Ziff. 6 MTV als Öffnungsklausel i.S.v. § 77 Abs. 3 BetrVG und § 4 Abs. 3 TVG auch auf den Fall anzuwenden ist, dass der Arbeitnehmer aufgrund einer Vereinbarung mit dem Arbeitgeber anstelle einer im Tarifvertrag geregelten geldlichen Leistung eine andere Leistung in Anspruch nimmt, wenn sich dies wirtschaftlich zu seinen Gunsten auswirkt. Eine wirtschaftliche Auswirkung zugunsten des Arbeitnehmers ist auch dann gegeben, wenn dies zu einer geringeren steuerlichen Belastung des Arbeitnehmers für die Inanspruchnahme eines materiellen Vorteils (z.B. Entgeltverzicht zugunsten der entgeltlichen Überlassung eines Pkw) führt."

2   Die steuerfreien Sätze gem. §§ 3 Nr. 13, 16 i.V.m. 9 Abs. 4a Sätze 2 und 3 EStG betragen am 1.1.2014 bei Dienstreisen im Inland
    - 12 € bei Abwesenheitszeiten von mehr als 8 Stunden bis 24 Stunden.
    - 12 € bei mehrtägigen Dienstreisen mit Übernachtung für jeweils An- und Abreisetag.
    - 24 € für jeden Kalendertag bei einer Mindestabwesenheitszeit von 24 Stunden.

III. Tätigkeiten, die Fachkenntnisse voraussetzen, wie sie im Allgemeinen durch eine abgeschlossene Berufsausbildung[1] oder durch einschlägige Erfahrung erworben werden.

IV. Tätigkeiten, die vertiefte Fachkenntnisse voraussetzen, wie sie im Allgemeinen durch zusätzliche Berufserfahrung nach einer abgeschlossenen Berufsausbildung zum Versicherungskaufmann oder einer ihrer Art entsprechenden Berufsausbildung oder durch die Aneignung entsprechender Kenntnisse für den jeweiligen Tätigkeitsbereich erworben werden.

V. Tätigkeiten, die gründliche oder vielseitige Fachkenntnisse voraussetzen, wie sie durch mehrjährige einschlägige Erfahrungen erworben werden, oder Tätigkeiten, die umfassende theoretische Kenntnisse erfordern.

VI. Tätigkeiten, die besonders gründliche oder besonders vielseitige Fachkenntnisse erfordern, oder Tätigkeiten, die den Anforderungen der Gehaltsgruppe V entsprechen und mit besonderer Entscheidungsbefugnis verbunden sind. Dem gleichzusetzen sind Tätigkeiten, die gründliche und vielseitige Fachkenntnisse erfordern.

VII. Tätigkeiten, die hohe Anforderungen an das fachliche Können stellen und mit erweiterter Fach- oder Führungsverantwortung verbunden sind.

VIII. Tätigkeiten, die in den Anforderungen an das fachliche Können und in der Fach- oder Führungsverantwortung über diejenigen der Gehaltsgruppe VII hinausgehen.

Richtlinien für die Anwendung der Gehaltsgruppeneinteilung sind im Anhang zum Manteltarifvertrag enthalten.

---

[1] Protokollnotiz vom 25.10.1990:
„Die Tarifvertragsparteien sind darüber einig, dass unter Berufsausbildung im Gehaltsgruppenmerkmal III alle Arten von Berufsausbildung, also auch die zum Versicherungskaufmann zu verstehen sind."

2. Eingruppierung

a) Für die Eingruppierung in die Gehaltsgruppen I–VIII ist die tatsächlich ausgeübte Tätigkeit maßgebend. Umfasst diese mehrere Einzeltätigkeiten, die für sich allein betrachtet jeweils unterschiedlichen Gehaltsgruppen zuzuordnen wären, richtet sich die Eingruppierung nach der überwiegenden Einzeltätigkeit oder, wenn keine überwiegt, nach derjenigen Einzeltätigkeit, die der Gesamttätigkeit das Gepräge gibt. Dauert eine vorübergehend ausgeübte Tätigkeit, die einer höheren Gehaltsgruppe entspricht, ununterbrochen länger als 6 Monate, so ist die/der Angestellte vom Beginn des 7. Monats an in die höhere Gehaltsgruppe einzustufen. Eine abgeschlossene Ausbildung gibt für sich allein noch keinen Anspruch auf Bezahlung nach einer bestimmten Gehaltsgruppe. Sie ist auch keine Voraussetzung für die Eingruppierung in eine bestimmte Gehaltsgruppe.

Angestellte mit einer abgeschlossenen Berufsausbildung als Versicherungskaufmann oder einer ihrer Art entsprechenden Berufsausbildung sind jedoch mindestens in Gehaltsgruppe III einzustufen. Abweichungen hiervon sind nur in Ausnahmefällen und im Einvernehmen mit dem Betriebsrat zulässig. Versicherungskaufleute sollen nach bestandener Abschlussprüfung mit guten Leistungen in die Gehaltsgruppe IV eingestuft werden. Unter guten Leistungen sind Benotungen bis 2,5 zu verstehen. Zur Beurteilung sind sowohl die Benotungen der Kammerprüfung als auch die betrieblichen Leistungen heranzuziehen.

Haben die Parteien des Ausbildungsverhältnisses für die Zeit nach Ablegen der Abschlussprüfung den Übergang in ein festes Arbeitsverhältnis vereinbart, so entsteht rückwirkend ein Anspruch auf Gehalt nach § 1 GTV bereits vom ersten Tag des Kalendermonats an, in dem die Abschlussprüfung abgelegt wurde.

b) War eine Angestellte/ein Angestellter länger als 6 Monate in eine Gehaltsgruppe eingestuft, so ist bei gleichwertiger Tätigkeit eine niedrigere tarifliche Eingruppierung nur aus einem wichtigen Grunde und im Einvernehmen mit dem Betriebsrat zulässig.

c) Für Angestellte, die das 50. Lebensjahr vollendet haben und nach mindestens zehnjähriger ununterbrochener Unternehmenszugehörigkeit aus betriebsorganisatorischen Gründen auf einen geringer bewerteten Arbeitsplatz versetzt werden, hat der Arbeitgeber im Einvernehmen mit dem Betriebsrat nach billigem Ermessen eine Gehaltssicherung zu treffen; eine niedrigere tarifliche Eingruppierung ist nicht zulässig.[1]

d) Ergänzend zur Gehaltsgruppe I wird für Neueinstellungen ab 1.1.2008 eine besondere Gehaltsgruppe A gebildet. Ergänzend zur Gehaltsgruppe II wird für Neueinstellungen ab 1.1.2008 eine besondere Gehaltsgruppe B gebildet. Angestellte, die ab 1.1.2008 in ein Unternehmen im Geltungsbereich dieses Tarifvertrages eingestellt werden und in die Gehaltsgruppen A und B einzugruppieren sind, erhalten anstelle der Vergütung gem. § 1 GTV eine Vergütung gem. § 1a GTV.

3. **Reinigungsdienst und Küchenhilfsdienst**

Im Reinigungsdienst und Küchenhilfsdienst können abweichend von § 3 Ziff. 2 Abs. 1 Stundenlohnvereinbarungen getroffen werden. Die Bezüge des GTV, Gehaltsgruppe I, dürfen dabei nicht unterschritten werden.

§ 5 Berufsjahre

1. Berufsjahre der Gehaltsgruppen I und II sind alle früheren Beschäftigungsjahre, unabhängig von der Art der Tätigkeit.

---

1 Protokollnotiz vom 1.7.2012:
„Die Tarifvertragsparteien sind sich darin einig, dass die Schutzregelung des § 4 Ziff. 2c MTV für Angestellte, die das 50. Lebensjahr vollendet haben, auch unter Geltung des Allgemeinen Gleichbehandlungsgesetzes wirksam ist. Die Regelung trägt dem besonderen Schutzbedürfnis der Arbeitnehmer in höherem Lebensalter Rechnung und ist somit in Anwendung von § 10 Satz 3 Nr. 1 AGG wirksam.
Die Tarifvertragsparteien vereinbaren für den Fall, dass entweder das Bundesarbeitsgericht oder der Europäische Gerichtshof zu dem Ergebnis gelangen, dass diese Rechtsauffassung der Tarifvertragsparteien unzutreffend und in der Folge das Tatbestandsmerkmal ‚50. Lebensjahr‘ nichtig ist (sog. ‚Anpassung nach oben‘), dass die Schutzregelung mit Rechtskraft der gerichtlichen Entscheidung außer Kraft tritt. Die Tarifvertragsparteien verpflichten sich für diesen Fall zeitnah, spätestens innerhalb von 3 Monaten Verhandlungen über eine Neuregelung aufzunehmen, die dem mit der Schutzregelung verfolgten Zweck in gesetzeskonformer Weise Rechnung trägt."

2. Berufsjahre in den Gehaltsgruppen III bis VIII sind im Versicherungsfach hauptberuflich verbrachte Beschäftigungsjahre. Die in einem anderen Beruf ausgeübte, durch Zeugnisse nachgewiesene Tätigkeit wird auf die Versicherungsberufsjahre angerechnet, soweit die dabei erworbenen Kenntnisse Verwertung finden; das Gleiche gilt für berufsbezogene Schul- und Studienjahre. Beschäftigungsjahre bei einem Träger der Sozialversicherung und bei Ersatzkassen werden voll angerechnet.

    Jahre der Berufsausbildung für eine gemäß Abs. 1 anrechenbare Tätigkeit zählen als Berufsjahre.

3. Bei in der Landwirtschaft erworbener Berufserfahrung, die Grundlage für die Tätigkeit in der Hagelversicherung ist, kann die Anrechnung der landwirtschaftlichen Berufszeit auf 10 Jahre begrenzt werden.

4. Die Anrechnung von (freiwilligem) Wehrdienst, Zivildienst sowie Bundesfreiwilligendienst und Gefangenschaft richtet sich nach den gesetzlichen Vorschriften.

5. Die Bezüge der nächsthöheren Berufs- bzw. Ausbildungsjahrstufe werden jeweils ab Beginn des Monats gezahlt, in dem das betreffende Berufs- bzw. Ausbildungsjahr vollendet wird.

§ 6   Tätigkeitszulage

Zu den Bezügen der Gehaltsgruppe, in die die/der Angestellte eingruppiert ist, wird eine angemessene Tätigkeitszulage gewährt:

a) mit Beginn des Kalendermonats, von dem ab die/der Angestellte neben der Tätigkeit, nach der sie/er eingruppiert ist, dauernd Arbeiten einer höher bewerteten Gehaltsgruppe verrichtet;

b) mit Beginn des 3. Kalendermonats, von dem ab die/der Angestellte neben der Tätigkeit, nach der sie/er eingruppiert ist, vorübergehend, aber länger als 2 Monate, Arbeiten einer höher bewerteten Gehaltsgruppe verrichtet. Dieser Anspruch erlischt mit Ende des Kalendermonats, in dem die Voraussetzung wegfällt.

§ 7   Verantwortungszulage

1. Angestellte der Gehaltsgruppen II–VIII, die ständig die Verantwortung für die Arbeitsleistung oder Ausbildung von mehreren zu einer Abteilung (in größeren Betrieben auch Arbeitsgruppe oder dgl.) zusammengefassten Angestellten tragen, erhalten dafür die ihrer Gehaltsgruppe entsprechende Verantwortungszulage.

2. Die ständig mit der Vertretung von Abteilungsleiterinnen/Abteilungsleitern i.S.v. Ziff. 1 beauftragten Angestellten erhalten die Verantwortungszulage in halber Höhe.

3. Die Bemessung der Verantwortungszulage richtet sich bei Angestellten, deren Tätigkeit Merkmale aus zwei Gehaltsgruppen enthält, nach der höheren Gruppe.

§ 8   Besitzstandsregelung (aufgehoben seit 1.2.1995)

Dazu wurde folgende **Besitzstandsregelung** getroffen, die am 1.2.1995 in Kraft getreten ist:

Arbeitnehmer, die bisher Sozialzulage nach §§ 8 MTV, 4 Nr. 2a GTV erhalten haben, erhalten eine monatliche Zahlung von brutto

10 €[1] bei einem unterhaltsberechtigten Kind

20 €[2] bei zwei und mehr unterhaltsberechtigten Kindern,

solange die bisherigen Voraussetzungen für die Zahlung von Sozialzulage nach § 8 MTV erfüllt sind. Dieser Anspruch ist auf das bisher bestehende Arbeitsverhältnis beschränkt.

Zu den ab 1.1.1975 weggefallenen Haushalts- und Kinderzulagen gilt außerdem die folgende weitere **Besitzstandsregelung**:

1. (gestrichen durch Tarifvereinbarung vom 29.3.1980)

2. Arbeitnehmer, die bisher Kinderzulage nach § 9 MTV erhalten haben, die aber nach der neuen Regelung keinen Anspruch auf Sozialzulage haben, erhalten eine monatliche Zahlung von brutto

---

1   In den neuen Bundesländern und dem früheren Ostberlin: 9 €.

2   In den neuen Bundesländern und dem früheren Ostberlin: 18 €.

10 € bei einem unterhaltsberechtigtem Kind

20 € bei zwei und mehr unterhaltsberechtigten Kindern,

solange die bisherigen Voraussetzungen für die Zahlung von Kinderzulage nach § 9 MTV erfüllt sind. Dieser Anspruch ist auf das bisher bestehende Arbeitsverhältnis beschränkt. Er erlischt, sowie zusammen mit einem neu erworbenen Anspruch auf Sozialzulage nach § 8 MTV n.F. der Höchstbetrag nach § 4 Ziff. 2 GTV überschritten wird oder für dieselben Kinder Anspruch auf erhöhte Sozialzulage nach § 8 MTV n.F. / § 4 GTV entsteht.

3. Die Regelungen nach Ziff. 1 bzw. 2 gelten nicht, soweit der Ehegatte Anspruch auf Sozialzulage bzw. erhöhte Sozialzulage nach § 8 MTV n.F. / § 4 GTV hat.

Durch Vereinbarungen vom 16.4.1977, 16.5.1978, 12.4.1979 und 29.3.1980 wurde diese Besitzstandsregelung der Neuregelung der Sozialzulage angepasst. Die als Besitzstand weiter gezahlte frühere Haushaltszulage ist seit 1.4.1980 weggefallen.

Die bis zum 31.1.1995 geltende Fassung des § 8 lautet:

§ 8   Sozialzulage

1. Eine Sozialzulage nach § 4 GTV erhalten Arbeitnehmer, die mit unterhaltsberechtigten Kindern im eigenen Haushalt leben oder das Sorgerecht für diese haben.

2. Die Voraussetzung des Zusammenlebens im eigenen Haushalt gilt auch dann als erfüllt, wenn Ehegatten aus Gründen getrennt leben, die weder von dem einen noch von dem anderen gewollt sind.

   Kinder gehören auch dann zum eigenen Haushalt, wenn sie wegen ihrer Schul- oder Berufsausbildung zeitweise nicht im Haushalt des Arbeitnehmers leben.

   Der Nachweis der Erfüllung einer Unterhaltsverpflichtung ist durch Vorlage der steuerlichen Anerkennung oder in anderer Form zu führen.

3. Als Kinder gelten eheliche und gesetzlich ebenso zu behandelnde Kinder sowie Stiefkinder des Arbeitnehmers

    a) bis zur Vollendung des 18. Lebensjahres,

    b) bis zur Vollendung des 25. Lebensjahres, sofern sich das Kind noch in einer Schul- oder Berufsausbildung befindet,

    c) um so viele Monate über das 25. Lebensjahr hinaus, als sich die Schul- oder Berufsausbildung infolge der Ableistung der Wehrpflicht, des Ersatzdienstes oder der Ableistung des gesetzlich geregelten freiwilligen Sozialjahres vor Vollendung des 25. Lebensjahres verzögert,

    d) bis zur Vollendung des 25. Lebensjahres, wenn sie

        – eine Berufsausbildung mangels Ausbildungsplatzes nicht beginnen oder fortsetzen können

        oder

        – nicht erwerbstätig sind

        – und weder Arbeitslosengeld noch Arbeitslosenhilfe beziehen und der Arbeitsvermittlung zur Verfügung stehen.

Übersteigt das Einkommen des Kindes die in § 2 GTV festgesetzte Ausbildungsvergütung für Auszubildende im 3. Ausbildungsjahr, so entfällt der Anspruch auf Sozialzulage für dieses Kind. Waisenrenten und vermögenswirksame Leistungen gelten nicht als Einkommen.

4. Der Anspruch auf Sozialzulage entsteht mit Beginn des Kalendermonats, in dem die Anspruchsvoraussetzungen erfüllt sind. Er erlischt mit dem Ende des Kalendermonats, in dem die Voraussetzungen wegfallen.

Der Eintritt, der Wegfall sowie alle Änderungen der Anspruchsvoraussetzungen sind dem Arbeitgeber unverzüglich mitzuteilen.

§ 9 Tarifliche Elternzeit

1. Die/der Angestellte kann im Anschluss an die – auch von mehreren Berechtigten – voll in Anspruch genommene gesetzliche Elternzeit zur weiteren Betreuung des Kindes eine tarifliche Elternzeit bis zu 6 Monaten beanspruchen.

   a) Anspruchsberechtigt ist die/der Angestellte, die/der vor Beginn der gesetzlichen Elternzeit mindestens 4 Jahre dem Unternehmen angehört hat. Dabei werden nur Zeiträume mit Anspruch auf Bezüge gem. § 3 Ziff. 2 oder auf Leistungen gem. § 10 Ziff. 1 bis 3 oder auf Leistungen für die Zeiten der Schutzfristen und Beschäftigungsverbote nach dem Mutterschutzgesetz mitgerechnet.

   b) Die tarifliche Elternzeit endet spätestens 3 ½ Jahre – bei Übertragung eines Anteils der gesetzlichen Elternzeit spätestens 8 ½ Jahre – nach der Geburt des Kindes.

   Bei mehreren Kindern entfällt der Anspruch auf tarifliche Elternzeit insoweit, als dadurch zusammen mit Schutzfristen und gesetzlicher sowie früherer tariflicher Elternzeit eine betriebliche Abwesenheit von 7 Jahren seit der Geburt des ersten Kindes, für das im Unternehmen die gesetzliche Elternzeit in Anspruch genommen wurde, überschritten würde.

   c) Ein Anspruch auf die tarifliche Elternzeit entfällt, wenn die/der Angestellte ohne Zustimmung des Arbeitgebers während der gesetzlichen oder tariflichen Elternzeit eine Arbeit bei einem anderen Arbeitgeber leistet. § 15 Abs. 4 S. 4 BEEG ist zu beachten.

2. Während der tariflichen Elternzeit ruht das Arbeitsverhältnis. Soweit tarifliche Ansprüche von der Dauer der Unternehmenszugehörigkeit abhängen, wird die tarifliche Elternzeit darauf angerechnet. Eine Anrechnung auf Berufs- und Beschäftigungsjahre nach § 5 erfolgt nur insoweit, als während der tariflichen Elternzeit im Unternehmen gearbeitet wurde.

Ein Anspruch auf Erholungsurlaub entsteht nur für Zeiten, in denen während der tariflichen Elternzeit eine Arbeitsleistung im Unternehmen erbracht wurde.

3. Die Inanspruchnahme der tariflichen Elternzeit soll 6 Monate vor dem Ende der gesetzlichen Elternzeit schriftlich angekündigt werden. Der Anspruch auf tarifliche Elternzeit besteht nur, wenn sie spätestens 4 Monate vor dem Ende der gesetzlichen Elternzeit geltend gemacht wird. Eine spätere Geltendmachung ist nur im Einvernehmen mit dem Arbeitgeber möglich.

Eine vorzeitige Beendigung der tariflichen Elternzeit durch die/den Angestellten, verbunden mit dem Wiederaufleben des Arbeitsverhältnisses, ist nur mit Zustimmung des Arbeitgebers möglich. § 16 Abs. 4 BEEG gilt entsprechend.

Will die/der Angestellte die Beschäftigung nach Ablauf der tariflichen Elternzeit nicht mehr aufnehmen, kann sie/er das Arbeitsverhältnis nur unter Einhaltung einer Kündigungsfrist von 3 Monaten zum Ende der tariflichen Elternzeit kündigen.

4. Sowohl der Arbeitgeber als auch die/der Angestellte werden sich bemühen, während der gesetzlichen und tariflichen Elternzeit Kontakt zu halten. Der Arbeitgeber wird auf Wunsch über Vertretungsmöglichkeiten und Weiterbildungsangebote informieren.

5. Nimmt die/der Angestellte die gesetzliche Elternzeit und/oder die tarifliche Elternzeit zur Kindesbetreuung nicht in Anspruch und wird der Wunsch nach einer befristeten Teilzeittätigkeit geäußert, soll der Arbeitgeber diesem Verlangen im Rahmen der betrieblichen Möglichkeiten nachkommen.

6. Abweichende günstigere Betriebsvereinbarungen sind zulässig.

§ 10   Leistungen in besonderen Fällen

1. Bei durch Krankheit oder Unfall verursachter Arbeitsunfähigkeit erhalten die Angestellten ihre Bezüge für die Dauer von 6 Wochen.

2. Vom Beginn der 7. Woche an erhalten:

    a) krankenversicherungpflichtige Angestellte einen Zuschuss zum Krankengeld.

        Der Zuschuss wird so berechnet, dass er zusammen mit dem Krankengeld 90 % der Gesamtnettobezüge beträgt. Maßgeblich für die Berechnung ist das volle, noch nicht um Sozialversicherungsbeiträge geminderte Krankengeld (Bruttokrankengeld).

    b) Angestellte, bei denen sich der Arbeitgeber nach § 3 Ziff. 5 / § 257 SGB V an den Aufwendungen für eine private Krankenversicherung oder freiwillige Weiterversicherung in der gesetzlichen Krankenversicherung beteiligt, eine Krankenzulage.

        Die Krankenzulage wird so berechnet, dass sie zusammen mit demjenigen Krankengeld, das die/der Angestellte bekommen würde, wenn sie/er pflichtversichert wäre, 90 % der Gesamtnettobezüge beträgt. Maßgeblich für die Berechnung ist das volle, noch nicht um Sozialversicherungsbeiträge geminderte Krankengeld (Bruttokrankengeld).

    c) nicht krankenversicherungpflichtige Angestellte, bei denen sich der Arbeitgeber nicht nach § 3 Ziff. 5 / § 257 SGB V an den Aufwendungen für eine private Krankenversicherung oder freiwillige Weiterversicherung in der gesetzlichen Krankenversicherung beteiligt, eine Krankenbeihilfe von 90 % ihrer Gesamtnettobezüge.

Die Krankenzulage und die Krankenbeihilfe werden jedoch nur insoweit gewährt, als sie nicht von den Sozialversicherungsträgern (z.B. AOK, Ersatzkassen, BfA) auf satzungsgemäße Leistungen angerechnet werden. Die Leistungen nach a) bis c) werden nur bei einer ununterbrochenen Unternehmenszugehörigkeit

> von mehr als 2 bis 5 Jahren bis zum Ablauf der 13. Woche,
> von mehr als 5 bis 10 Jahren bis zum Ablauf der 26. Woche,
> von mehr als 10 bis 15 Jahren bis zum Ablauf der 39. Woche,
> von mehr als 15 bis 20 Jahren bis zum Ablauf der 52. Woche,
> von mehr als 20 bis 25 Jahren bis zum Ablauf der 65. Woche,
> von mehr als 25 Jahren bis zum Ablauf der 78. Woche,

jeweils seit Beginn der Arbeitsunfähigkeit gewährt.

Die erforderliche Unternehmenszugehörigkeit muss jeweils am ersten Tag der 7., 14., 27., 40., 53. oder 66. Woche gegeben sein.

Die Leistungen nach a) bis c) entfallen, sobald ein Anspruch auf Rente wegen Alters oder wegen Erwerbsminderung oder auf ähnliche Bezüge öffentlich-rechtlicher Art geltend gemacht werden kann; die Angestellten sind verpflichtet, Rentenansprüche unverzüglich anzumelden. Diese Vorschrift findet keine Anwendung auf die durch § 36 SGB VI gegebene Möglichkeit, vorzeitig Altersruhegeld zu beantragen. Wird bei teilweiser Erwerbsminderung / teilweiser Erwerbsminderung bei Berufsunfähigkeit ein Beschäftigungsverhältnis mit dann verringerter Arbeitszeit fortgeführt, besteht der Anspruch auf Leistungen nach Ziff. a) bis c) insoweit fort.

Vergütung für Mehrarbeit einschließlich Zuschläge bleibt bei den Zahlungen nach Ziff. 1 und 2 außer Ansatz.

3. In den Fällen der Kündigung des Arbeitsverhältnisses aus wichtigem Grunde ohne Einhaltung einer Kündigungsfrist (§ 626 BGB) finden die Bestimmungen der Ziff. 1 und 2 nur Anwendung, wenn die Kündigung wegen anhaltender Krankheit erfolgt.

4. Die Hinterbliebenen einer/eines Angestellten erhalten die bisherigen Bezüge für den Rest des Sterbemonats und für weitere 3 Monate, im ersten Jahr der Unternehmenszugehörigkeit für einen weiteren Monat über den Sterbemonat hinaus.

Als Hinterbliebene im Sinne dieser Bestimmungen gelten:

a) der Ehegatte und eingetragene Lebenspartner;

b) unterhaltsberechtigte Kinder, die mit der/dem Verstorbenen in einem Haushalt lebten oder für die diese/dieser das Sorgerecht hatte; dies gilt nur, sofern ein Bezugsberechtigter nach a) nicht vorhanden ist;

c) Kinder, Eltern und Geschwister, wenn sie nachweislich von der/dem Verstorbenen unterhalten wurden und Bezugsberechtigte nach Buchstabe a) und b) nicht vorhanden sind. Der Nachweis der Erfüllung der Unterhaltspflicht durch die/den Verstorbenen ist durch Vorlage der steuerlichen Anerkennung oder in anderer Form zu führen.

5. Die erforderlichen Kosten der im Rahmen der Anwendung von Teil 4 Abs. 2 Nr. 1 des Anhangs der ArbMedVV anfallenden augenärztlichen Untersuchungen und zur Verfügung zu stellenden Sehhilfen trägt der Arbeitgeber, soweit nicht andere Kostenträger in Anspruch genommen werden können.

§ 11 Arbeitszeit, Ausgleich für schwere Arbeit[1]

1. Regelmäßige Arbeitszeit

Für die Angestellten im Innendienst (ausgenommen Hausmeister und Heizer) beträgt die regelmäßige Arbeitszeit 38 Stunden in der Woche. Pausen gelten nicht als Arbeitszeit. Die regelmäßige wöchentliche Arbeitszeit verteilt sich gleichmäßig auf die Tage Montag bis Freitag.[2]

Durch freiwillige Betriebsvereinbarung kann die Arbeitszeit abweichend davon für alle Angestellten oder für Gruppen von Angestellten einheitlich oder unterschiedlich festgelegt werden. Dabei sind die Erfordernisse des Betriebes und der einzelnen Funktionsbereiche zu berücksichtigen.

Abweichend von Abs. 1 kann aus betrieblichen Gründen im Rahmen der regelmäßigen Arbeitszeit auch Samstagsarbeit durch freiwillige Betriebsvereinbarung vorgesehen werden. In diesem Fall erhält die/ der Angestellte pro Arbeitsstunde am Samstag einen Zuschlag von 25 % von $^1/_{162}$ des Monatsgehalts. Der Zuschlag entfällt, wenn die/ der Angestellte an einem anderen Arbeitstag derselben Woche freigestellt wird. Der Zuschlag kann auch in Form von Freizeit abgegolten werden.

---

1 Siehe auch die Tarifvereinbarung über die Einführung einer Arbeitszeitflexibilisierung für das private Versicherungsgewerbe.

2 Für die Arbeitszeitverkürzung ab 1.7.1990 gelten folgende Übergangsregelungen:
  1. Arbeitnehmer nach Teil II des Manteltarifvertrages für die nach § 11 Ziff. 1 Abs. 1 MTV die tarifliche Arbeitszeitregelung nicht gilt, erhalten ab 1.7.1990 (als Ausgleich für die tarifliche Arbeitszeitverkürzung) einen monatlichen Zuschlag von 1,97 % ihres Tarifgehalts, wenn und solange nicht ein entsprechender Ausgleich durch Reduzierung der individuellen Arbeitsmenge oder Arbeitszeit stattgefunden hat.
  2. Betriebliche Unterschreitungen der bisherigen tariflichen Arbeitszeit können auf die vereinbarte Arbeitszeitverkürzung angerechnet werden.

Wird eine ungleichmäßige Verteilung der Arbeitszeit vereinbart, ist innerhalb von 6 Kalendermonaten eine Arbeitszeit von durchschnittlich 38 Stunden pro Woche einzuhalten; ein kürzerer oder längerer Bezugszeitraum, letzterer bis längstens 12 Kalendermonate, kann durch freiwillige Betriebsvereinbarung bestimmt werden. Die durch Betriebsvereinbarung festgelegte Arbeitszeit darf in der einzelnen Woche 38 Stunden um höchstens 25 % über- oder unterschreiten. In Vereinbarungen über gleitende Arbeitszeit ist die Möglichkeit, Arbeitszeitunter- oder -überschreitungen auf den folgenden Bezugszeitraum zu übertragen, auf eine bestimmte angemessene Stundenzahl zu begrenzen. Die tägliche Arbeitszeit kann bis zu 10 Stunden betragen.

Zur Vermeidung von Entlassungen und zur Sicherung der Beschäftigung kann durch freiwillige Betriebsvereinbarung die regelmäßige wöchentliche Arbeitszeit i.S.v. Abs. 1 Satz 1 und Abs. 4 Satz 1 für alle Angestellten oder für Gruppen von Angestellten um bis zu 8 Stunden in der Woche verkürzt werden; die Bezüge werden entsprechend gekürzt, wobei ein Einkommensausgleich von 20 Prozent zu erfolgen hat. Zuvor sollen in dem betreffenden Bereich die Möglichkeiten zum Abbau von Mehrarbeit und zur Förderung von Teilzeitarbeitsverhältnissen genutzt werden. Während der Laufzeit der Betriebsvereinbarung dürfen gegenüber den von ihr erfassten Angestellten keine betriebsbedingten Kündigungen ausgesprochen werden. Auszubildende sowie Studenten von dualen Studiengängen werden von dieser Regelung nicht erfasst.[1]

2. **Mehrarbeit**

Mehrarbeit ist die über die regelmäßige Arbeitszeit i.S.v. Ziff. 1 Abs. 1 bzw. die durch Betriebsvereinbarung abweichend geregelte Arbeitszeit hinaus geleistete angeordnete Arbeit. Sie wird mit $1/162$ des Monatsbezuges (einschließlich aller Zulagen) und mit einem Zuschlag von 25 % für jede Mehrarbeitsstunde bezahlt. Bei Mehrarbeit an Samstagen beträgt der Zuschlag einschließlich etwaiger Zuschläge

---

[1] Protokollnotiz vom 5.6.1996:
„Die durch freiwillige Betriebsvereinbarungen i.S.d. § 11 Ziff. 1 Abs. 5 MTV ausgelösten Arbeitszeitverkürzungen dürfen nicht auf die in Ziff. 1 Abs. 2 der Tarifvereinbarung über die Einführung einer Arbeitszeitflexibilisierung für das private Versicherungsgewerbe vom 13.9.1995 genannten Arbeitszeitverkürzungen (Paritätsregelung) angerechnet werden."

nach Ziff. 1 Abs. 3 50 %. Mehrarbeit und Zuschläge können auch in Form von Freizeit abgegolten werden.

Bei Angestellten, deren Monatsbezüge das höchste im Gehaltstarifvertrag geregelte Monatsgehalt zuzüglich Verantwortungszulage – und, sofern die/der Angestellte Anspruch auf Schichtzulage hat, dieser Schichtzulage – um mindestens 10 % übersteigen, kann Mehrarbeitsvergütung vertraglich ausgeschlossen werden. Die Bestimmungen des Arbeitszeitgesetzes bleiben unberührt.

3. Sonn- und Feiertagsarbeit

Arbeit an Sonn- und Feiertagen wird, soweit sie Mehrarbeit ist, pro Stunde mit $^1/_{162}$ des Monatsbezuges (einschließlich aller Zulagen) und einem Sonn- und Feiertagszuschlag von 100 % bezahlt. Mehrarbeitszuschlag wird daneben nicht gezahlt. Ziff. 2 Abs. 2 gilt entsprechend.

4. Nachtarbeit

Bei Nachtarbeit der Angestellten im Innendienst ist ein Zuschlag von 25 % von $^1/_{162}$ des Monatsbezuges (einschließlich aller Zulagen) für jede Nachtarbeitsstunde zu zahlen. Als Nachtarbeitsstunden gelten die Arbeitsstunden von 21 bis 6 Uhr. Erfüllt die Nachtarbeit zugleich die Voraussetzungen für den Mehrarbeitszuschlag oder den Sonn- und Feiertagszuschlag, sind diese zusätzlich zu zahlen.

5. Schichtarbeit

Angestellte, die regelmäßig in Wechselschicht arbeiten, erhalten eine monatliche Schichtzulage in Höhe von

185 € (ab 1.4.2020: 220 €) bei Zweischichtbetrieb und von

368 € (ab 1.4.2020: 380 €) bei Dreischichtbetrieb.

Die Vorschriften der Ziff. 2 bis 4 bleiben unberührt.

Als Ausgleich für zusätzliche Belastungen bei Nachtarbeit im Wechselschichtbetrieb (2- oder 3-Schicht-Betrieb) erhalten die Angestellten jeweils eine Freischicht:

a) für 15 geleistete Nachtschichten mit einer zusammenhängenden Arbeitszeit von mindestens 6 Stunden in der Zeit von 20 bis 6 Uhr;

b) für 45 geleistete Früh- oder Spätschichten mit einer Arbeitszeit von mindestens 2 Stunden, jedoch weniger als 6 Stunden in der Zeit von 20 bis 6 Uhr.

Für den Anspruch auf eine Freischicht sind die geleisteten Wechselschichten wie folgt anzurechnen:

Eine geleistete Nachtschicht gilt als 3 Früh- oder Spätschichten, 3 Früh- oder Spätschichten gelten als 1 Nachtschicht.

Falls nichts anderes vereinbart ist, muss die Freischicht jeweils innerhalb 1 Monats nach Vorliegen der Voraussetzungen genommen werden; andernfalls verfällt der Anspruch. Die Freischicht soll nicht für eine Nachtschicht genommen werden.

Auf die tariflich vereinbarten Freischichten werden betrieblich geregelte Freischichten oder betrieblich geregelter Zusatzurlaub für in Wechselschicht tätige Angestellte angerechnet.

§ 11a Teilzeitarbeit

Die Tarifvertragsparteien wollen gemeinsam die Einrichtung von Teilzeitarbeitsplätzen fördern und regeln. Damit soll im Einklang mit den geschäftspolitischen Zielen und den betrieblichen Gegebenheiten des Unternehmens Mitarbeiterinnen und Mitarbeitern ermöglicht werden, Berufsausübung und berufliche Qualifizierung mit außerberuflichen Interessen zu verbinden. Teilzeitarbeit soll in allen beruflichen und betrieblichen Qualifikationsstufen im Rahmen der betrieblichen Gegebenheiten ermöglicht werden.

1. Teilzeitbeschäftigte erhalten einen schriftlichen Arbeitsvertrag. Er soll mindestens Angaben über den Arbeitszeitanteil, die Arbeitszeitlage (auch variabel), die tarifliche Eingruppierung und evtl. Zulagen enthalten.

Unterschreitet die vereinbarte Arbeitszeit die gesetzliche Grenze des § 8 SGB IV, hat der Arbeitgeber die Angestellten auf mögliche sozialversicherungsrechtliche Folgen hinzuweisen.

2. Angestellte, die Teilzeitarbeit anstreben, haben das Recht, über die in ihrem Betrieb aktuell zu besetzenden Teilzeitarbeitsplätze informiert zu werden.

Vor einer innerbetrieblichen Ausschreibung von Arbeitsplätzen prüft der Arbeitgeber, ob der betreffende Arbeitsplatz unter Berücksichtigung der betrieblichen Belange auch als Teilzeitarbeitsplatz geeignet ist und ausgeschrieben werden soll und weist dies ggf. entsprechend aus.

3. Umwandlungswünschen der Angestellten hinsichtlich ihres Arbeitszeitvolumens ist Rechnung zu tragen, sofern die arbeitsorganisatorischen Gegebenheiten sowie die personelle Situation dies zulassen. Der Wunsch nach Wechsel des Arbeitszeitvolumens ist mindestens 6 Monate vorher anzumelden. Kann dem Umwandlungswunsch nicht entsprochen werden, ist dies vom Arbeitgeber zu begründen.

Eine Umwandlung des Arbeitszeitvolumens kann auch befristet erfolgen. Bei der Umwandlung des Arbeitszeitvolumens ist sicherzustellen, dass die gesetzliche Grenze des § 8 SGB IV nicht unterschritten wird.

4. Bei der Besetzung von Teilzeitarbeitsplätzen sollen bei gleicher persönlicher und fachlicher Eignung interne Bewerber vor externen Bewerbern vorrangig berücksichtigt werden.

Das Gleiche gilt im Falle eines gewünschten Übergangs von Teilzeit- auf Vollzeitarbeit für die Besetzung von Vollzeitarbeitsplätzen.

5. Teilzeitbeschäftigte sollen in Fragen der beruflichen Entwicklung sowie im Bereich der Weiterbildung wie Vollzeitkräfte entsprechend den betrieblichen und persönlichen Möglichkeiten sowie den Anforderungen des Arbeitsplatzes gefördert werden.

6. Sofern regelmäßig Arbeit, die über die vereinbarte Wochenarbeitszeit hinausgeht, angeordnet und geleistet wird, kann die/der Angestellte eine entsprechende Neugestaltung des Arbeitsvertrages verlangen.

7. Die Rechte des Betriebs- bzw. Personalrats richten sich nach dem Betriebsverfassungsgesetz bzw. den entsprechenden Bestimmungen der Personalvertretungsgesetze. Die Regelungssperre des § 87 Abs. 1 BetrVG wird durch diese Tarifvereinbarung nicht ausgelöst. Betriebsvereinbarungen im Rahmen und auf der Grundlage dieser Bestimmungen lösen die Regelungssperre des § 77 Abs. 3 BetrVG nicht aus.

§ 12 Zusätzliche arbeitsfreie Tage

1. Die Samstage vor Ostern und Pfingsten sind für Angestellte, die nach § 11 Ziff. 1 Abs. 3 kraft betrieblicher Vereinbarung am Samstag arbeiten, dienstfrei.

   Die Hagelversicherungsgesellschaften können für den Pfingstsamstag einen Sonderdienst einrichten; für die dazu eingeteilten Angestellten bleibt ein anderer Arbeitstag dienstfrei.

2. Der 24. und 31.12. sind arbeitsfrei.

§ 13 Erholungsurlaub

1. Urlaubsdauer, Abgeltung

Die Angestellten haben für jedes Kalenderjahr Anspruch auf Erholungsurlaub von 30 Arbeitstagen. Wird dieser nicht zusammenhängend genommen, soll er in größere Abschnitte aufgeteilt werden, von denen einer mindestens 15 Arbeitstage umfasst.

Während der beruflichen Erstausbildung soll der Erholungsurlaub in der Zeit der Berufsschulferien gewährt werden. Soweit dies aus betrieblichen Gründen nicht möglich ist, muss für jeden Berufsschultag, an dem die Berufsschule während des Urlaubs besucht wird, ein weiterer Urlaubstag gewährt werden.

Schwerbehinderte erhalten den ihnen nach dem SGB IX zustehenden zusätzlichen Urlaub.

Die Samstage sowie der 24. und 31.12. sind keine Arbeitstage im Sinne der Urlaubsbestimmungen.

Eine Abgeltung des Urlaubs ist nur statthaft, wenn wegen der Beendigung des Arbeitsverhältnisses der Urlaub nicht oder nicht in vollem Umfang gewährt werden kann. In diesem Fall ist er mit $1/22$ der Monatsbezüge für jeden Urlaubstag abzugelten.

2. **Verfahren bei Eintritt und Ausscheiden während des Kalenderjahres**

   Im Verlaufe des Kalenderjahres eintretende oder ausscheidende Angestellte erhalten für jeden vollen Monat, den sie im Verlauf des Kalenderjahres dem Unternehmen angehören, $1/12$ des Jahresurlaubs, aufgerundet auf volle Tage. Ein für dasselbe Kalenderjahr von einem früheren Arbeitgeber gewährter Erholungsurlaub wird angerechnet. Ist der Urlaub beim Ausscheiden bereits voll gewährt, so können die für die Urlaubszeit zu viel gezahlten Bezüge nicht zurückgefordert werden.

3. **Wartezeit**

   Der Urlaubsanspruch kann erstmalig nach einer 6-monatigen – bei Jugendlichen nach einer 3-monatigen – ununterbrochenen Tätigkeit im Unternehmen geltend gemacht werden. Dies gilt nicht, wenn das Arbeitsverhältnis zu diesem Zeitpunkt oder früher beendet wird.

4. **Urlaubsentgelt**

   Für die Dauer des Urlaubs wird das Arbeitsentgelt für die regelmäßige Arbeitszeit der/des Angestellten fortgezahlt; dabei werden Änderungen ihrer/seiner Arbeitszeit während des Kalenderjahres (z.B. bei Übergang von Vollzeit- auf Teilzeitbeschäftigung), soweit sie vor Urlaubsantritt bereits vereinbart sind, durch anteilige Erhöhung oder Verringerung dieses Entgelts berücksichtigt.

5. **Berücksichtigung von Mehrarbeit beim Urlaubsentgelt**

   Zur regelmäßigen Arbeitszeit im Sinne dieser Bestimmungen gehört Mehrarbeit, die regelmäßig an bestimmten Tagen in der Woche oder im Monat geleistet wird.

   Sind im vorangegangenen Kalenderjahr mehr als 50 vom Arbeitgeber angeordnete unregelmäßige Mehrarbeitsstunden abgerechnet worden, so wird für jeden Urlaubstag des laufenden Jahres $1/220$ der im vorangegangenen Kalenderjahr für diese Mehrarbeit abgerechneten Mehrarbeitsvergütung gezahlt.

6. **Urlaubsentgelt bei Beziehern von Provision aus Eigengeschäften**

Besteht ein Teil der Bezüge, die das Entgelt für die Dienstleistung aus dem Arbeitsverhältnis ausmachen, vertragsgemäß aus Provision für Eigengeschäfte, gilt § 22 Ziff. 2 entsprechend.

7. **aufgehoben**

8. **aufgehoben**

9. **Sonderzahlung**

Angestellte, deren Monatsbezüge das höchste im Gehaltstarifvertrag geregelte Monatsgehalt zuzüglich Verantwortungszulage – und, sofern die/der Angestellte Anspruch auf Schichtzulage hat, dieser Schichtzulage – nicht um mehr als 10 % übersteigen, erhalten im 2. Quartal des Kalenderjahres eine Sonderzahlung in Höhe von 50 % ihres Bruttomonatsgehalts. Durch Betriebsvereinbarung kann von diesem Zahlungszeitraum abgewichen werden. Maßgebend für die Höhe der Sonderzahlung ist das Monatsgehalt des Auszahlungsmonats einschließlich der tariflichen Zulagen. Dabei werden Änderungen der regelmäßigen Arbeitszeit der/des Angestellten im 1. Kalenderhalbjahr (z.B. Übergang von Vollzeit- auf Teilzeitbeschäftigung) anteilig berücksichtigt. Hat die/der Angestellte im Auszahlungszeitraum weder Anspruch auf Bezüge gem. § 3 Ziff. 2 noch auf Leistungen gem. § 10 Ziff. 1, so ist das zuletzt bezogene Gehalt maßgebend.

Der Anspruch auf die Sonderzahlung entsteht nach Überführung eines etwaigen Probearbeitsverhältnisses in ein festes Arbeitsverhältnis, dann aber rückwirkend ab Beginn des Arbeitsverhältnisses.

Für jeden Monat im 1. Kalenderhalbjahr, in dem die/der Angestellte nicht für wenigstens 15 Tage Anspruch auf Bezüge gem. § 3 Ziff. 2 oder auf Leistungen gem. § 10 Ziff. 1 bis 3 oder auf Leistungen für die Zeiten der Schutzfristen und Beschäftigungsverbote nach dem Mutterschutzgesetz hat, wird die Sonderzahlung um $^1/_6$ gekürzt. Eine Kürzung unterbleibt, wenn die/der Angestellte nur deshalb keine Zahlungen gem. § 10 Ziff. 2 und 3 erhält, weil das Krankengeld bereits 90 % der Gesamtnettobezüge ausmacht. Die aufgrund der Inanspruchnahme von Elternzeit gekürzte Sonderzahlung wird der/dem Angestellten anteilig für die bis zur Vollendung der ersten 4 Lebensmonate des Kindes in Anspruch genommene Elternzeit nachgezahlt, wenn das Arbeitsverhältnis im Anschluss an die Elternzeit für mindestens 6 Monate fortgesetzt wird. Zeiträume, für die der/dem Angestellten weder Bezüge gem. § 3 Ziff. 2 noch Leistungen gem. § 10 Ziff. 1 zustehen, bleiben dabei außer Betracht.

Angestellte, deren Arbeitsverhältnis im Auszahlungszeitpunkt beendet ist, haben keinen Anspruch – auch nicht anteilig – auf die Sonderzahlung. Das Gleiche gilt für Angestellte, die in einem gekündigten Arbeitsverhältnis stehen, außer im Falle betriebsbedingter Arbeitgeberkündigung. Pensionierung, auch wegen voller oder teilweiser Erwerbsminderung, gilt nicht als Kündigung.

Die Sonderzahlung wird auf Sonderzuwendungen des Arbeitgebers (Gratifikationen, Ergebnisbeteiligungen u. Ä.) angerechnet.

Auf der Basis freiwilliger Betriebsvereinbarung oder individualvertraglich kann auf Wunsch der Angestellten die vollständige oder teilweise Abgeltung der Sonderzahlung durch Freizeit vereinbart werden. Angestellte in Organisationseinheiten, die gemäß den Regelungen eines Interessenausgleichs von einem Personalabbau betroffen sind, haben einen Rechtsanspruch auf Abgeltung der tariflichen Sonderzahlung in Freizeit, soweit einer solchen Umwandlung keine betrieblichen Gründe entgegenstehen. In Fällen, in denen kein Interessenausgleich zustande kommt, gilt vorstehende Regelung für die Dauer der Personalabbaumaßnahme. Die Geltendmachung des Rechtsanspruchs muss jeweils für das Folgejahr bis zum 31.12. des Vorjahres angemeldet werden. Die Umwandlung erfolgt durch Gewährung voller Freizeittage. Die zeitliche Festlegung der Freizeitgewährung erfolgt entsprechend den hierfür geltenden Regelungen für die Urlaubsgewährung (insbesondere § 7 Abs. 1 Satz 1 BUrlG). Durch freiwillige Betriebsvereinbarung können die Modalitäten des Rechtsanspruchs (Sätze 4 und 5) abweichend von den vorgenannten Bestimmungen geregelt werden.

§ 14 Arbeitsbefreiung

1. Bei schwerer Erkrankung und Todesfall in der Familie (z.B. Ehegatten, Kinder, Eltern, Geschwister, Lebenspartner i.S.d. LPartG), eigener Hochzeit, Schließung einer Lebenspartnerschaft i.S.d. LPartG, Niederkunft der Ehefrau und Umzug ist die/der Angestellte für 1 bis 3 Tage von der Arbeit freizustellen. Für diese Zeit sind ihr/ihm die Bezüge fortzuzahlen, wenn und soweit sie/er nicht Anspruch auf geldliche Leistungen anderer Stellen (z.B. § 45 SGB V) hat. Eine Anrechnung auf den tariflichen Urlaub ist nicht zulässig. § 616 BGB bleibt unberührt. Günstigere betriebliche Regelungen sind zulässig.

2. Den in Bundes- oder Landesvorständen oder ihnen gleichzustellenden Organen ehrenamtlich bei den vertragsschließenden Angestellten-Organisationen tätigen Angestellten ist zur Teilnahme an Veranstaltungen in Gewerkschaftsangelegenheiten Dienstfreiheit zu gewähren. Das Gleiche gilt für Mitglieder dieser Organisationen, die als Delegierte zu Bundes- oder Landestagungen gewählt sind oder die einer Tarifkommission angehören. Die gesamte Beanspruchung darf nicht mehr als 5 aufeinander folgende Tage, im ganzen Jahr nicht mehr als 12 Arbeitstage, umfassen. Eine Anrechnung auf den Urlaub ist nicht zulässig.

§ 15 Kündigung, Altersgrenze

1. Die Kündigung ist nur zum Vierteljahresschluss zulässig. Die Kündigungsfrist beträgt mindestens 6 Wochen.

2. Bei einer Beschäftigungszeit von mindestens 5 Jahren in demselben Unternehmen kann der Arbeitgeber nur wie folgt kündigen:

   bei einer Beschäftigungszeit von mindestens 5 Jahren mit einer Frist von mindestens 3 Monaten zum Vierteljahresschluss,

   bei einer Beschäftigungszeit von mindestens 8 Jahren mit einer Frist von mindestens 4 Monaten zum Vierteljahresschluss,

   bei einer Beschäftigungszeit von mindestens 10 Jahren mit einer Frist von mindestens 5 Monaten zum Vierteljahresschluss, bei einer Beschäftigungszeit von mindestens 12 Jahren mit einer Frist von mindestens 6 Monaten zum Vierteljahresschluss,

bei einer Beschäftigungszeit von mindestens 20 Jahren mit einer Frist von 7 Monaten zum Vierteljahresschluss.

3. Angestellten, die das 55. Lebensjahr vollendet haben und dem Unternehmen mindestens 10 Jahre angehören, sowie Angestellten, die dem Unternehmen 25 Jahre angehören, kann nur aus wichtigem Grund gekündigt werden[1].

Diese Einschränkung gilt nicht, wenn

a) ein Anspruch auf Altersruhegeld oder vorgezogenes Altersruhegeld aus der gesetzlichen Rentenversicherung, Leistungen aus einer Befreiungsversicherung gem. § 3 Ziff. 4 MTV oder entsprechende öffentlich-rechtliche Versorgungsbezüge geltend gemacht werden kann,

b) eine Weiterbeschäftigung der/des Angestellten an ihrem/seinem bisherigen Arbeitsplatz infolge einer Rationalisierungsmaßnahme i.S.v. § 2 des Rationalisierungsschutzabkommens oder aus sonstigen betrieblichen Gründen nicht möglich ist und die Kündigung nicht durch eine Maßnahme entsprechend dem Rationalisierungsschutzabkommen vermieden werden kann.

4. Bei Angestellten, die nur vorübergehend zur Aushilfe (bis zur Höchstdauer von 3 Monaten) oder zur Bewältigung eines besonderen Arbeitsanfalles oder auf Probe eingestellt sind, gelten die gesetzlichen Bestimmungen.

---

1   Protokollnotiz vom 1.7.2012:
„Die Tarifvertragsparteien sind sich darin einig, dass die Schutzregelung des § 15 Ziff. 3 Satz 1 MTV für Angestellte, die das 55. Lebensjahr vollendet haben, auch unter Geltung des Allgemeinen Gleichbehandlungsgesetzes wirksam ist. Die Regelung trägt dem besonderen Schutzbedürfnis der Arbeitnehmer in höherem Lebensalter und deren schlechteren Chancen auf dem Arbeitsmarkt Rechnung und ist somit in Anwendung von § 10 Satz 3 Nr. 1 AGG wirksam.
Die Tarifvertragsparteien vereinbaren für den Fall, dass entweder das Bundesarbeitsgericht oder der Europäische Gerichtshof zu dem Ergebnis gelangen, dass diese Rechtsauffassung der Tarifvertragsparteien unzutreffend und in der Folge das Tatbestandsmerkmal ‚55. Lebensjahr' nichtig ist (sog. ‚Anpassung nach oben'), dass die Schutzregelung mit Rechtskraft der gerichtlichen Entscheidung außer Kraft tritt. Die Tarifvertragsparteien verpflichten sich für diesen Fall zeitnah, spätestens innerhalb von 3 Monaten Verhandlungen über eine Neuregelung aufzunehmen, die dem mit der Schutzregelung verfolgten Zweck in gesetzeskonformer Weise Rechnung trägt."

5. Nach der Kündigung wird den Angestellten auf Verlangen ein Zwischenzeugnis ausgestellt. Der Inhalt des endgültigen Zeugnisses darf von dem Zwischenzeugnis zu Ungunsten der Angestellten nur abweichen, wenn diese durch ihr Verhalten in der Zwischenzeit hierzu Anlass gegeben haben.

6. Das Arbeitsverhältnis endet spätestens zu dem Zeitpunkt, in dem die/der Angestellte erstmals Altersruhegeld aus der gesetzlichen Rentenversicherung bezieht, oder mit Ablauf des Monats, in dem sie/er die Altersgrenze für eine Regelaltersrente nach den Bestimmungen der gesetzlichen Rentenversicherung erreicht hat. Abweichende Betriebs- oder Dienstvereinbarungen sind zulässig.

§ 16 Verschmelzung und Sitzverlegung, Umzugskostenerstattung

1. Bei Verschmelzung sind die Angestellten nach Möglichkeit zu übernehmen. Die übernommenen Angestellten behalten die von ihnen nach dem Tarifvertrag erworbenen Rechte.

2. Bei Sitzverlegungen ist der Arbeitgeber verpflichtet, die Angestellten, soweit sie nicht am bisherigen Ort weiter verwendet werden können, auf ihren Antrag am neuen Sitz des Betriebes in ihren bisherigen Stellungen weiter zu beschäftigen.

3. Das Kündigungsrecht darf seitens des Arbeitgebers erst nach einer 6-monatigen Schutzfrist ausgeübt werden, es sei denn, dass die Angestellten die Sitzverlegung nicht mitmachen wollen. Die Schutzfrist beginnt am Tage des Umzugs des Unternehmens.

    Kann einer/einem Angestellten aus einem wichtigen Grunde die verlangte Sitzverlegung nicht zugemutet werden und kann sie/er am alten Ort vom bisherigen Arbeitgeber nicht weiter beschäftigt werden, so ist ohne Einhaltung der in Abs. 1 festgelegten Schutzfrist die Kündigung zum nächsten gesetzlich zulässigen Termin möglich. In diesem Fall erhalten die Angestellten ihre Bezüge über die Beendigung ihres Arbeitsverhältnisses hinaus noch auf weitere 3 Monate.

4. Kündigt der Arbeitgeber vor Ablauf von 12 Monaten nach der Sitzverlegung, so trägt er den Angestellten gegenüber die nachgewiesenen angemessenen Kosten des Rückumzuges oder Wegzuges an einen

anderen Ort, letztere jedoch höchstens in Höhe der Kosten eines Umzuges nach dem früheren Wohnort.

5. Die nachgewiesenen angemessenen Kosten aus dem notwendigen Umzuge, insbesondere auch Verbindlichkeiten aus Mietverträgen, trägt der Arbeitgeber.

   Dies gilt auch bei der Versetzung einzelner Angestellter.

6. Die Bestimmungen in Ziff. 2 bis 5 finden in den Fällen der Kündigung des Arbeitsverhältnisses aus wichtigem Grunde ohne Einhaltung einer Kündigungsfrist (§ 626 BGB) keine Anwendung.

4. Auflage Januar 2020

III. Bestimmungen für die Angestellten des Werbeaußendienstes

§ 17 Auswahl und Ausbildung

1. Die Auswahl von Angestellten des Werbeaußendienstes muss nach Grundsätzen erfolgen, die eine einwandfreie Berufstätigkeit gewährleisten. Dabei finden die Wettbewerbsrichtlinien der Versicherungswirtschaft Anwendung, die dem Zweck dienen, den Versicherungsaußendienst von unlauteren Personen frei zu halten.

2. Der Arbeitgeber ist verpflichtet, den Angestellten des Werbeaußendienstes zu Beginn ihrer Tätigkeit die Teilnahme an der Ausbildung zum/zur „Geprüften Versicherungsfachmann/-frau (IHK)" gem. dem vom Deutschen Industrie- und Handelskammertag (DIHK) e.V. in Kooperation mit dem Berufsbildungswerk der Deutschen Versicherungswirtschaft (BWV) e.V. veröffentlichten Rahmenplan mit Lernzielen für die Sachkundeprüfung in der jeweils gültigen Fassung zu ermöglichen. Nach Abschluss der Ausbildung erfolgt die Anmeldung zur Sachkundeprüfung „Geprüfte/r Versicherungsfachmann/-frau (IHK)" bei einer Industrie- und Handelskammer durch den Arbeitgeber. Die Angestellten sind verpflichtet, an der Ausbildung teilzunehmen und die Prüfung abzulegen. Die Sätze 1 bis 3 gelten nicht für Angestellte, die zu Beginn ihrer Tätigkeit die Qualifikation „Versicherungsfachmann/-fachfrau (BWV)" oder „Versicherungsbetriebswirt/-wirtin DVA" oder über eine gemäß VersVermV als Sachkundenachweis anerkannte andere Qualifikation verfügen.

3. Die Angestellten in Unternehmen, die sich der Brancheninitiative „Regelmäßige Weiterbildung für Versicherungsvermittler" angeschlossen haben, sind verpflichtet, den Anforderungen aus der Brancheninitiative nachzukommen. Hierfür gelten die überbetrieblichen Durchführungsbestimmungen der Brancheninitiative in der jeweils gültigen Fassung als abschließende Regelung. Satz 1 umfasst bis

---

1   Tarifvereinbarung zu § 17 Ziff. 2 MTV mit Wirkung ab 1.10.2009:
    Der Rahmenplan mit Lernzielen, wie er zwischen dem vom DIHK und BWV berufenen Sachverständigengremium entwickelt worden ist, ist Gegenstand dieser Tarifvereinbarung.

zu 250 Weiterbildungspunkte (ein Weiterbildungspunkt entspricht 45 Minuten) in 5 Jahren.[1]

4. Die Kosten der Ausbildung und der Prüfung trägt der Arbeitgeber. Betriebliche Regelungen über die Rückzahlung von Ausbildungskosten durch die Angestellten im Falle vorzeitigen Ausscheidens (Betriebsbindungsklauseln) können in den von der Rechtsprechung gezogenen Grenzen vereinbart werden.

§ 17a Erleichterung des Übergangs vom Innendienst zum Außendienst

1. Wechseln Angestellte von einer Tätigkeit nach Teil II MTV in eine Tätigkeit nach Teil III MTV, so haben sie das Recht, bis zum Ablauf von 6 Monaten zu erklären, dass sie auf einen Arbeitsplatz nach Teil II zurückkehren wollen.

2. Machen Angestellte den Anspruch auf einen Arbeitsplatz nach Teil II MTV geltend, so hat ihnen der Arbeitgeber ihren früheren und soweit das nicht möglich ist, einen gleichwertigen anderen Arbeitsplatz anzubieten, der für die Angestellten geeignet und zumutbar ist. Die Begriffe gleichwertig, geeignet und zumutbar sind entsprechend § 5 Abs. 5 und 6 des Rationalisierungsschutzabkommens zu verstehen.

3. Die Bestimmungen von Ziffer 1 und 2 finden nur Anwendung auf Angestellte, die unmittelbar vor ihrem Wechsel in den Werbeaußendienst eine mindestens 2-jährige ununterbrochene Tätigkeit nach Teil II MTV ausgeübt haben. Hierzu rechnen nicht Zeiten der Berufsausbildung gem. § 1 Abs. 2 BBiG.

§ 18 Arbeitszeit

Eine bestimmte Arbeitszeit wird nicht festgelegt.

Der 24. und 31.12. sind arbeitsfrei. Für diese Tage erfolgt Fortzahlung der Bezüge entsprechend § 22 Ziff. 1 und 2.

---

1 Protokollnotiz zu § 17 Ziff. 3 Satz 3 MTV:
„Die Tarifvertragsparteien gehen davon aus, dass nach gegenwärtigen Planungen 40 Weitererbildungspunkte pro Jahr erreicht werden sollen."

§ 19 Einkommen

1. Für die Angestellten des Werbeaußendienstes wird ein Mindestein-kommen festgelegt, dessen Höhe sich nach § 3 GTV bestimmt.

    Auf das Mindesteinkommen sind die verdienten Provisionen anzu-rechnen, wenn nichts Anderes vereinbart ist. Das Mindesteinkom-men nach § 3 Ziff. 2 GTV ist jedoch in Höhe von 510 € unverrechen-bar.

2. Das Mindesteinkommen, das nach Ziff. 1 mit den Provisionen ver-rechnet werden kann, erhöht sich bei Vorliegen der Voraussetzungen gem. Abs. 4 um die Sozialzulage nach § 4 Ziff. 2 GTV.

    Nach sechsmonatiger Unternehmenszugehörigkeit erhalten Ange-stellte, deren durchschnittliche Monatsbezüge (ohne Sozialzulage) im vorangegangenen Gesamtabrechnungszeitraum gem. Ziff. 3 den Betrag von 3.415 € nicht überstiegen haben, die Sozialzulage zu-sätzlich zu ihren Bezügen; bei Angestellten, deren durchschnittliche Monatsbezüge 3.415 € überstiegen haben, vermindert sich der An-spruch auf die Sozialzulage um den 3.415 € übersteigenden Betrag.

    Eine pauschale Abgeltung der Sozialzulage (durch Gehalt oder Pro-vision) ist nicht zulässig. Die Sozialzulage ist bei der Abrechnung der Bezüge gesondert auszuweisen.

    Anspruch auf Sozialzulage haben

    a) verheiratete Angestellte, die mit ihrem Ehegatten im eigenen Haushalt leben,

    b) verwitwete, geschiedene, dauernd von ihrem Ehegatten ge-trennt lebende und ledige Angestellte,

        wenn sie mit einem gesetzlich unterhaltsberechtigten Familien-angehörigen im eigenen Haushalt leben

        oder

        wenn sie das Sorgerecht für unterhaltsberechtigte Kinder haben

        oder

        wenn sie das 38. Lebensjahr vollendet haben.

Im Übrigen gilt § 8 Ziff. 2 bis 4 in der bis 31.1.1995 gültigen Fassung.

3. Die Gesamtabrechnung erfolgt mindestens einmal jährlich. Bei neu Eingestellten oder aus dem Innendienst in den Außendienst wechselnden Angestellten, die an der Ausbildung „Geprüfte/r Versicherungsfachmann/-frau (IHK)" teilnehmen, erfolgt die erste Gesamtabrechnung nach 3 Monaten, die zweite nach weiteren 3 Monaten. Bei Ausscheiden innerhalb des Abrechnungszeitraumes hat die/der Angestellte Anspruch auf eine entsprechende anteilige Abrechnung. Ein etwa verbleibender Schuldsaldo wird in jedem Fall abgeschrieben, soweit durch die Nichtabschreibung des Schuldsaldos die tatsächlichen Bezüge unter dem Mindesteinkommen des Abrechnungszeitraumes liegen. Ein Schuldsaldo, der sich aus der Verrechnung mit Reisekosten ergibt, wird auch insoweit abgeschrieben, als durch die Nichtabschreibung die vereinbarten Reisekosten des Abrechnungszeitraumes unterschritten werden.

4. Die Bezüge werden monatlich nachträglich, spätestens am letzten Arbeitstag des Kalendermonats, gezahlt.

5. Zusätzlich zu den Bezügen nach Ziff. 1 bis 4 erhalten Angestellte, deren durchschnittliche Monatsbezüge im vorangegangenen Kalenderjahr den Betrag von 5.090 € zuzüglich Sozialzulage nicht überstiegen haben, in jedem Kalenderjahr eine Sonderzahlung in Höhe von 80 % ihres im vorangegangenen Kalenderjahr erzielten monatlichen Durchschnittseinkommens, jedoch höchstens folgende Beträge:

Bei Anspruch auf Mindesteinkommen nach

§ 3 Ziff. 1 GTV, Stufe 1:   1.950 €

§ 3 Ziff. 1 GTV, Stufe 2:   2.415 €

§ 3 Ziff. 2 GTV: 2.695 €

Bei Angestellten mit Anspruch auf Sozialzulage erhöhen sich diese Höchstbeträge um jeweils 80 % der im vorangegangenen Kalenderjahr durchschnittlich pro Monat bezogenen Sozialzulage.

Die Sonderzahlung soll allen Angestellten des Außendienstes eines Betriebes gleichzeitig ausgezahlt werden. Die Auszahlung erfolgt zum bisher betriebsüblichen Zeitpunkt. Abweichende Regelungen können nur durch Betriebsvereinbarung getroffen werden.

Der Anspruch auf die Sonderzahlung entsteht nach einer sechsmonatigen ununterbrochenen Unternehmenszugehörigkeit, dann aber rückwirkend ab Beginn des Arbeitsverhältnisses.

Für jeden Monat im laufenden Kalenderjahr, in dem die/der Angestellte nicht für wenigstens 15 Tage Anspruch auf Bezüge nach Ziff. 1 und 2 oder auf Leistungen nach § 21 Ziff. 1 bis 3 oder auf Leistungen für die Zeiten der Schutzfristen und Beschäftigungsverbote nach dem Mutterschutzgesetz hat, wird die Sonderzahlung um $1/12$ gekürzt. Eine Kürzung unterbleibt, wenn die/der Angestellte nur deshalb keine Zahlungen nach § 21 Ziff. 2 und 3 erhält, weil das Krankengeld bereits dem Nettobetrag aus 90 % der Durchschnittsbezüge der letzten 12 Monate entspricht. Die aufgrund der Inanspruchnahme von Elternzeit gekürzte Sonderzahlung wird der/dem Angestellten anteilig für die bis zur Vollendung der ersten vier Lebensmonate des Kindes in Anspruch genommene Elternzeit nachgezahlt, wenn das Arbeitsverhältnis im Anschluss an die Elternzeit für mindestens sechs Monate fortgesetzt wird. Zeiträume, für die der/dem Angestellten weder Bezüge gem. Ziff. 1 und 2 noch Leistungen gem. § 21 Ziff. 1 zustehen, bleiben dabei außer Betracht.

Angestellte, deren Arbeitsverhältnis im Auszahlungszeitpunkt beendet ist, haben keinen Anspruch – auch nicht anteilig – auf die Sonderzahlung. Das Gleiche gilt für Angestellte, die in einem gekündigten Arbeitsverhältnis stehen, außer im Falle betriebsbedingter Arbeitgeberkündigung. Pensionierung, auch wegen voller oder teilweiser Erwerbsminderung, gilt nicht als Kündigung.

Die Sonderzahlung wird auf alle Sonderzuwendungen des Arbeitgebers angerechnet.

6. Bezüglich der Beteiligung des Arbeitgebers an den Aufwendungen für eine Befreiungsversicherung (in der gesetzlichen Kranken- und Rentenversicherung) und an den Aufwendungen der nicht krankenversicherungspflichtigen Angestellten für eine private Krankenversi-

cherung oder für die freiwillige Weiterversicherung in der gesetzlichen Krankenversicherung gilt § 3 Ziff. 4 und 5 entsprechend.

§ 19a Tarifliche Elternzeit

§ 9 gilt für Angestellte des Werbeaußendienstes entsprechend.

§ 20 Fahrtauslagen und Spesen

1. Notwendige tatsächliche Fahrtauslagen werden den Angestellten gemäß vorheriger schriftlicher Vereinbarung ersetzt. Pauschale Abgeltung kann vereinbart werden.

2. Spesen werden je nach Art der Tätigkeit und der Arbeitsgebiete aufgrund von Erfahrungssätzen berechnet und in freier Vereinbarung schriftlich festgelegt.

§ 21 Leistungen in besonderen Fällen

1. Bei durch Krankheit oder Unfall verursachter Arbeitsunfähigkeit erhalten die Angestellten ihre Bezüge für die Dauer von 6 Wochen.

2. Vom Beginn der 7. Woche an erhalten

   a) krankenversicherungspflichtige Angestellte einen Zuschuss zum Krankengeld.

   Der Zuschuss wird so berechnet, dass er zusammen mit dem Krankengeld den Nettobetrag aus 90 % der Durchschnittsbezüge der letzten 12 Monate (höchstens des Betrages der jeweiligen monatlichen Krankenversicherungspflichtgrenze) ergibt. Maßgeblich für die Berechnung ist das volle, noch nicht um Sozialversicherungsbeiträge geminderte Krankengeld (Bruttokrankengeld).

   b) Angestellte, bei denen sich der Arbeitgeber nach § 3 Ziff. 5 / § 257 SGB V an den Aufwendungen für eine private Krankenversicherung oder freiwillige Weiterversicherung in der gesetzlichen Krankenversicherung beteiligt, eine Krankenzulage.

Die Krankenzulage wird so berechnet, dass sie zusammen mit demjenigen Krankengeld, das die/der Angestellte bekommen würde, wenn sie/er pflichtversichert wäre, den Nettobetrag aus 90 % der Durchschnittsbezüge der letzten 12 Monate (bei befreiungsversicherten Angestellten höchstens des Betrages der jeweiligen monatlichen Krankenversicherungspflichtgrenze, bei nicht krankenversicherungspflichtigen Angestellten höchstens von 4.000 € monatlich) ergibt. Maßgeblich für die Berechnung ist das volle, noch nicht um Sozialversicherungsbeiträge geminderte Krankengeld (Bruttokrankengeld).

c) nicht krankenversicherungspflichtige Angestellte, bei denen sich der Arbeitgeber nicht nach § 3 Ziff. 5 / § 257 SGB V an den Aufwendungen für eine private Krankenversicherung oder freiwillige Weiterversicherung in der gesetzlichen Krankenversicherung beteiligt, als Krankenbeihilfe 90 % ihrer Durchschnittsbezüge während der letzten 12 Monate (höchstens insgesamt von 4.000 € monatlich).

Die Krankenzulage und die Krankenbeihilfe werden jedoch nur insoweit gewährt, als sie nicht von den Sozialversicherungsträgern (z.B. AOK, Ersatzkassen, BfA) auf satzungsgemäße Leistungen angerechnet werden.

Die Leistungen nach a) bis c) werden nur bei einer ununterbrochenen Unternehmenszugehörigkeit

von mehr als 2 bis 5 Jahren bis zum Ablauf der 13. Woche,
von mehr als 5 bis 10 Jahren bis zum Ablauf der 26. Woche,
von mehr als 10 bis 15 Jahren bis zum Ablauf der 39. Woche,
von mehr als 15 bis 20 Jahren bis zum Ablauf der 52. Woche,
von mehr als 20 bis 25 Jahren bis zum Ablauf der 65. Woche,
von mehr als 25 Jahren bis zum Ablauf der 78. Woche,

jeweils seit Beginn der Arbeitsunfähigkeit gewährt.

Die erforderliche Unternehmenszugehörigkeit muss jeweils am ersten Tag der 7., 14., 27., 40., 53. oder 66. Woche gegeben sein.

Die Leistungen nach a) bis c) entfallen, sobald ein Anspruch auf Rente wegen Alters oder wegen Erwerbsminderung oder auf ähnliche Bezüge öffentlich-rechtlicher Art geltend gemacht werden kann; die/ der Angestellte ist verpflichtet, Rentenansprüche unverzüglich anzumelden. Diese Vorschrift findet keine Anwendung auf die durch § 36 SGB VI gegebene Möglichkeit, vorzeitig Altersruhegeld zu beantragen. Wird bei teilweiser Erwerbsminderung / teilweiser Erwerbsminderung wegen Berufsunfähigkeit ein Beschäftigungsverhältnis mit dann verringerter Arbeitszeit fortgeführt, besteht ein Anspruch auf Leistungen nach Ziff. a) bis c) insoweit fort.

3. § 10 Ziff. 3 findet Anwendung.

4. Die Hinterbliebenen einer/eines Angestellten erhalten deren/dessen Durchschnittsbezüge der letzten 12 Monate vor dem Tode (höchstens 4.360 € monatlich) für den Rest des Sterbemonats und für weitere 3 Monate, im ersten Jahr der Unternehmenszugehörigkeit die Durchschnittsbezüge der Beschäftigungszeit (höchstens 4.360 € monatlich) für den Rest des Sterbemonats und für einen weiteren Monat.

   § 10 Ziff. 4 Abs. 2 findet Anwendung.

5. Unter Bezügen ist das tatsächliche monatliche Durchschnittseinkommen der letzten der Arbeitsunfähigkeit vorausgehenden 12 Monate zu verstehen, soweit es Entgelt für die Dienstleistungen aus dem Arbeitsverhältnis ist (Gehalt zuzüglich Provisionen, nicht jedoch Spesen bzw. Spesenpauschale sowie Fahrtkostenersatz).

§ 22   Erholungsurlaub, Arbeitsbefreiung

1. Für den Erholungsurlaub und die Arbeitsbefreiung von Angestellten des Werbeaußendienstes gelten die §§ 13 und 14, soweit nicht nachstehend etwas Abweichendes bestimmt ist.

2. Für die Dauer des Urlaubs werden den Angestellten die Bezüge fortgezahlt, soweit sie Entgelt für die Dienstleistungen aus dem Arbeitsverhältnis sind (Gehalt und Provisionen, nicht jedoch Spesen oder Spesenpauschale und Fahrtkostenersatz).

Besteht ein Teil der Bezüge, die das Entgelt für die Dienstleistungen aus dem Arbeitsverhältnis ausmachen, vertragsgemäß aus Provision für Eigengeschäfte, so ist für den Teil des Urlaubs, der den gesetzlichen Urlaub nach § 3 BUrlG übersteigt, der Provisionsausfall nur insoweit auszugleichen, als er zusammen mit den übrigen Bezügen (Gehalt, Super- und Inkassoprovision), die in der tatsächlich anfallenden Höhe weitergezahlt werden, den Betrag von 330 € pro Urlaubstag nicht überschreitet. Während der Urlaubszeit gutgeschriebene Provisionen aus Eigengeschäften dürfen nicht angerechnet werden.

Der Berechnung des Provisionsausgleichs ist für jeden Urlaubstag der Durchschnittsprovisionsbezug eines Tages zugrunde zu legen, mit der Maßgabe, dass dieser $1/22$ der verdienten Durchschnittsmonatsprovision aus Eigengeschäften während des letzten Kalenderjahres beträgt. Zeiten, für die kein Anspruch auf Bezüge für geleistete Arbeit bestand, bleiben bei der Berechnung unberücksichtigt. Hat das Arbeitsverhältnis nicht bereits während des ganzen letzten Kalenderjahres bestanden, so ist der Ausgleich nach dem Monatsdurchschnitt des Arbeitsverhältnisses, höchstens jedoch nach dem Durchschnitt der ersten 12 Monate vorzunehmen.

3. Zusätzlich zu den Bezügen nach Ziff. 2 erhalten Angestellte, deren durchschnittliche Monatsbezüge im vorangegangenen Kalenderjahr den Betrag von 5.090 € zuzüglich Sozialzulage nicht überstiegen haben, in jedem Kalenderjahr eine Sonderzahlung von 50 % ihres im vorangegangenen Kalenderjahr erzielten monatlichen Durchschnittseinkommens, jedoch höchstens folgende Beträge:

Bei Anspruch auf Mindesteinkommen nach

§ 3 Ziff. 1 GTV, Stufe 1: 1.200 €

§ 3 Ziff. 1 GTV, Stufe 2: 1.505 €

§ 3 Ziff. 2 GTV: 1.690 €

Bei Angestellten mit Anspruch auf Sozialzulage erhöhen sich diese Höchstbeträge um jeweils 50 % der im vorangegangenen Kalenderjahr durchschnittlich pro Monat bezogenen Sozialzulage.

Die Sonderzahlung soll allen Angestellten des Außendienstes eines Betriebes gleichzeitig ausgezahlt werden. Die Auszahlung erfolgt zum bisher betriebsüblichen Zeitpunkt. Abweichende Regelungen können nur durch Betriebsvereinbarung getroffen werden.

Der Anspruch auf die Sonderzahlung entsteht nach einer sechsmonatigen ununterbrochenen Unternehmenszugehörigkeit, dann aber rückwirkend ab Beginn des Arbeitsverhältnisses.

Für jeden Monat im laufenden Kalenderjahr, in dem die/der Angestellte nicht für wenigstens 15 Tage Anspruch auf Bezüge nach § 19 Ziff. 1 und 2 oder auf Leistungen nach § 21 Ziff. 1 bis 3 oder auf Leistungen für die Zeiten der Schutzfristen und Beschäftigungsverbote nach dem Mutterschutzgesetz hat, wird die Sonderzahlung um $1/12$ gekürzt. Eine Kürzung unterbleibt, wenn die/der Angestellte nur deshalb keine Zahlungen nach § 21 Ziff. 2 und 3 erhält, weil das Krankengeld bereits dem Nettobetrag aus 90 % der Durchschnittsbezüge der letzten 12 Monate entspricht. Die aufgrund der Inanspruchnahme von Elternzeit gekürzte Sonderzahlung wird der/dem Angestellten anteilig für die bis zur Vollendung der ersten 4 Lebensmonate des Kindes in Anspruch genommene Elternzeit nachgezahlt, wenn das Arbeitsverhältnis im Anschluss an die Elternzeit für mindestens 6 Monate fortgesetzt wird. Zeiträume, für die der/dem Angestellten weder Bezüge gem. § 19 Ziff. 1 und 2 noch Leistungen gem. § 21 Ziff. 1 zustehen, bleiben dabei außer Betracht.

Angestellte, deren Arbeitsverhältnis im Auszahlungszeitpunkt beendet ist, haben keinen Anspruch – auch nicht anteilig – auf die Sonderzahlung. Das Gleiche gilt für Angestellte, die in einem gekündigten Arbeitsverhältnis stehen, außer im Falle betriebsbedingter Arbeitgeberkündigung. Erfolgt die Auszahlung beider Sonderzahlungen (§ 19 Ziff. 5, § 22 Ziff. 3) im 2. Kalenderhalbjahr und wird das Arbeitsverhältnis im 2. Kalenderhalbjahr gekündigt, so wird bezüglich der Sonderzahlung in § 22 Ziff. 3 unterstellt, dass sich die/der Angestellte zur Zeit der Auszahlung in einem ungekündigten Arbeitsverhältnis befindet. Pensionierung, auch wegen voller oder teilweiser Erwerbsminderung, gilt nicht als Kündigung.

Die Sonderzahlung wird auf alle Sonderzuwendungen des Arbeitgebers angerechnet.

§ 23 Kündigung

1. Die Kündigungsfrist beträgt beiderseits im ersten Jahr der Unternehmenszugehörigkeit 1 Monat zum Monatsschluss, vom Beginn des zweiten Jahres der Unternehmenszugehörigkeit an 6 Wochen zum Vierteljahresschluss.

    Im Übrigen gilt § 15 Ziff. 2.

2. Die Bestimmungen des § 15 Ziff. 5 und 6 gelten auch für die Angestellten des Werbeaußendienstes.

3. Können Angestellte, die das 50. Lebensjahr vollendet haben und dem Unternehmen 20 Jahre angehören, aus gesundheitlichen Gründen ihre bisherige Tätigkeit nicht mehr ausüben, ist der Arbeitgeber verpflichtet, den Angestellten einen anderen geeigneten und zumutbaren Arbeitsplatz im Unternehmen anzubieten.

    Ist eine Weiterbeschäftigung der/des Angestellten auf einem anderen Arbeitsplatz nach Abs. 1 nicht möglich, hat der Arbeitgeber spätestens im Rahmen der Anhörung des Betriebsrats zur beabsichtigten Auflösung des Arbeitsverhältnisses mit dem Betriebsrat zu beraten, ob die Kündigung unter Berücksichtigung aller Umstände des Einzelfalles und der sich aus betrieblichen Versorgungsregelungen und sozialversicherungsrechtlichen Vorschriften ergebenden Möglichkeiten durch die einvernehmliche Beendigung des Arbeitsverhältnisses (z.B. vorzeitige Pensionierung) vermieden werden kann.

IV. Schlussbestimmungen

§ 24 Verfall von Ansprüchen

Ansprüche aus dem Arbeitsverhältnis – ausgenommen solche aufgrund deliktischer Handlungen – verfallen, soweit sie nicht spätestens innerhalb von 6 Monaten nach Beendigung des Arbeitsverhältnisses schriftlich geltend gemacht werden.

Hierunter fallen nicht Ansprüche des Arbeitgebers aus der Einkommensregelung mit Angestellten des Außendienstes, insbesondere aus einer Provisionsvereinbarung. Entsprechende Ansprüche der Angestellten im Außendienst müssen jedoch innerhalb einer Frist von 12 Monaten wenigstens dem Grunde nach schriftlich geltend gemacht werden.

§ 25 Verzicht auf Ansprüche[1]

Die tarifvertraglichen Bedingungen sind Mindestbedingungen, auf die rechtswirksam auch nachträglich nicht verzichtet werden kann. § 3 Ziff. 6 bleibt unberührt.

§ 26 Besitzstandsklausel

Soweit günstigere Regelungen bestehen, wird die bisherige Rechtslage durch diesen Tarifvertrag nicht berührt. Das gilt nicht im Gebiet der ehemaligen DDR und des ehemaligen Ostberlin für Regelungen aus der Zeit vor dem 1.1.1991.

Soweit im Manteltarifvertrag von Unternehmenszugehörigkeit, Beschäftigungszeit, Beschäftigungsjahren o. Ä. die Rede ist, bezieht sich das im Gebiet der ehemaligen DDR und des ehemaligen Ostberlin für die Zeit vor dem 1.1.1991 nur auf Zeiträume, in denen zwischen der/dem Angestellten und dem Unternehmen ein Arbeitsverhältnis bestand und eine Tätigkeit ausgeübt wurde, wie sie dem normalen Geschäftsbetrieb eines westdeutschen Versicherungsunternehmens entspricht. § 5 Ziff. 3 bleibt unberührt.

---

1   Beachte den Tarifvertrag zur Entgeltumwandlung.

§ 27 Streitigkeiten über die Auslegung des Tarifvertrages

Zur Schlichtung von Streitigkeiten über die Auslegung dieses Tarifvertrages ist ein Schiedsausschuss zuständig. Dieser wird von beiden Vertragsparteien paritätisch besetzt und für jeden Streitfall besonders gebildet.

Ist im Schiedsausschuss keine Verständigung zu erzielen, so wird ein Schiedsgericht gebildet. Es wird paritätisch von den Vertragsparteien besetzt. An die Spitze tritt ein unparteiischer Vorsitzender. Er wird von den Beisitzern des Schiedsgerichtes gewählt. Kommt über die Person des unparteiischen Vorsitzenden keine Einigung zustande, so ist der Bundesminister für Arbeit und Sozialordnung um die Bestellung anzugehen. Die Entscheidungen des Schiedsausschusses und des Schiedsgerichts sind für beide Vertragsparteien verbindlich.

Die Zuständigkeit der Arbeitsgerichte wird durch das Schiedsverfahren nicht berührt.

§ 28 Geltungsdauer

1. Der Manteltarifvertrag tritt am 1.7.1996 in Kraft. Er kann nebst Anhang von beiden Vertragsparteien zum Ende eines Kalenderjahres mit dreimonatiger Frist schriftlich gekündigt werden.[1]

2. Die Geltungsdauer des Gehaltstarifvertrages wird dort geregelt.

München, den 28.6.1996

Unterschriften

Der Manteltarifvertrag wurde vom Arbeitgeberverband mit der Dienstleistungsgewerkschaft ver.di, der DHV und dem DBV abgeschlossen.

---

[1] Die Begrenzungen in § 19 Ziff. 1 Abs. 2 Satz 2, § 19 Ziff. 5 Abs. 1 und Abs. 2, § 21 Ziff. 2 b) und c), § 22 Ziff. 2 Abs. 2 Satz 1 und § 22 Ziff. 3 Abs. 1 und Abs. 2 sind erstmals zum 31.12.2019 kündbar.

Tarifvereinbarung über die Einführung einer Arbeitszeitflexibilisierung für das private Versicherungsgewerbe

1. Durch freiwillige Betriebsvereinbarung kann für einzelne Arbeitnehmer/Arbeitnehmerinnen oder für Gruppen von Arbeitnehmern/Arbeitnehmerinnen das Angebot geschaffen werden, die regelmäßige wöchentliche Arbeitszeit auf bis zu 20 Stunden zu verkürzen oder auf bis zu 42 Stunden zu verlängern.

Der Arbeitgeber ist verpflichtet, Anträgen von Arbeitnehmern/Arbeitnehmerinnen auf Arbeitszeitverkürzung mindestens im gleichen Stundenumfang stattzugeben, wie er Anträgen auf Arbeitszeitverlängerung zustimmt. Von der Möglichkeit zur Verlängerung der Arbeitszeit nach Abs. 1 kann der Arbeitgeber nur im gleichen Stundenumfang Gebrauch machen, wie Arbeitszeitverkürzungen vereinbart werden. Der Arbeitgeber darf ferner solche Arbeitszeitverkürzungen in die Betrachtung einbeziehen, die mit Arbeitnehmern, die am 1.1.2006 in Teilzeit bei ihm beschäftigt sind, vereinbart worden waren. Ebenfalls in die Betrachtung einbezogen werden darf das Volumen von Umwandlungen gemäß § 3 Ziff. 3 Abs. 6 und gemäß § 13 Ziff. 9 Abs. 7 MTV.

Arbeitszeitverlängerungen nach Abs. 1 (Arbeitszeitkorridor) darf ein Arbeitgeber nur mit max. 10 % seiner in den Geltungsbereich des Manteltarifvertrages fallenden Arbeitnehmer/Arbeitnehmerinnen vereinbaren.

Geringfügige Beschäftigungsverhältnisse, die nicht der Sozialversicherungspflicht unterliegen, werden in diese Berechnung nicht mit einbezogen.

Über Arbeitsverträge, die auf Basis dieser Tarifregelung zustande gekommen sind, ist ständig ein aktuelles Verzeichnis zu führen und dem Betriebsrat/Personalrat zuzuleiten. Dieses ist Bestandteil der Betriebsvereinbarung nach Abs. 1.

Arbeitnehmern/Arbeitnehmerinnen dürfen aus der Nichtannahme von Angeboten der Arbeitszeitverkürzung oder Arbeitszeitverlängerung keine Nachteile entstehen.

2. Im Falle der Verlängerung oder der Verkürzung der wöchentlichen Arbeitszeit ist das monatliche Entgelt entsprechend zu erhöhen bzw. zu kürzen (§ 3 Ziff. 2 Abs. 1 MTV). Der Quotient von $1/162$ des Monatsbezuges für die Berechnung der in § 11 Ziff. 1 Abs. 3, Ziff. 2 Abs. 1, Ziff. 3 und Ziff. 4 Abs. 1 genannten Zuschläge ist entsprechend anzupassen.

3. Ansprüche der Arbeitnehmer/Arbeitnehmerinnen nach §§ 3 Ziff. 3, 11 Ziff. 2 Abs. 2 sowie 13 Ziff. 9 MTV bleiben erhalten, sofern durch Arbeitszeitverlängerungen nach dieser Tarifvereinbarung das höchste im Gehaltstarifvertrag festgelegte Gehalt zuzüglich der tariflichen Zulagen um mehr als 10 % überschritten wird.

4. Mehrarbeit im Sinne der Bestimmungen von § 11 MTV ist jeweils die über die

   – regelmäßige Arbeitszeit i.S.v. § 11 Ziff. 1 Abs. 1 bzw.

   – durch Betriebsvereinbarung gem. § 11 Ziff. 1 Abs. 2 und 3 abweichend geregelte Arbeitszeit bzw.

   – aufgrund dieser Vereinbarung verlängerte Arbeitszeit (Arbeitszeitkorridor)

   hinaus geleistete angeordnete Arbeit.

5. Im Falle einer einzelvertraglichen Vereinbarung über Abweichungen von der tariflichen regelmäßigen Wochenarbeitszeit kann der Arbeitnehmer/die Arbeitnehmerin frühestens mit Ablauf von 12 Monaten mit einer Ankündigungsfrist von 3 Monaten die Rückkehr zur regelmäßigen wöchentlichen Arbeitszeit gem. § 11 MTV verlangen. Diesem Verlangen hat der Arbeitgeber zu entsprechen.

6. Die vorstehenden Regelungen gelten vom 1.1.1996 bis zum 30.9.2022.

   Sollten die Tarifvertragsparteien nicht bis zum 30.9.2022 eine andere Regelung treffen, so gilt für alle Arbeitsverhältnisse, deren Arbeitszeit aufgrund dieser Tarifvereinbarung verlängert oder verkürzt worden ist, ab dem 1.10.2022 wieder die regelmäßige Arbeitszeit i.S.v. § 11 MTV bei gleichzeitiger Rückanpassung der Bezüge.

Hamburg, den 22.12.2005

Unterschriften

Der Arbeitszeitkorridor wurde vom Arbeitgeberverband mit der Dienstleistungsgewerkschaft ver.di, der DHV und dem DBV abgeschlossen.

Anhang zu § 4 Ziff. 1 MTV

(in der ab 1.1.2008 geltenden Fassung)

Tätigkeitsbeispiele zu den Gehaltsgruppen

Die nachstehenden Tätigkeitsbeispiele sind nicht erschöpfend. Sie geben die übereinstimmende Auffassung der Tarifvertragsparteien für typische Zuordnungen wieder. Ist eine Tätigkeit als Beispiel zu einer Gehaltsgruppe genannt, ist grundsätzlich davon auszugehen, dass sie in diese Gehaltsgruppe einzustufen ist. Von diesem Grundsatz kann zu Ungunsten des Arbeitnehmers nur in begründeten Ausnahmefällen abgewichen werden.

Der überwiegende Teil der Beispiele findet sich durchgehend in mehreren Gehaltsgruppen, wobei durch die Zusätze „einfach", „mit erhöhten Anforderungen", „qualifiziert" und „besonders qualifiziert" zum Ausdruck gebracht wird, dass es sich jeweils um unterschiedliche Schwierigkeitsgrade der betreffenden Tätigkeit handelt. Tätigkeitsbeispiele ohne Zusatz bedeuten, dass es sich um den normalen Schwierigkeitsgrad der betreffenden Tätigkeit handelt. Die differenzierenden Zusätze beziehen sich in keinem Fall auf die Mitarbeiter/innen und ihre persönliche Qualifikation, sondern ausschließlich auf die jeweiligen von ihnen ausgeübten Tätigkeiten. Das gilt auch für die Worte „qualifiziert" und „besonders qualifiziert".

Gehaltsgruppe I

Tätigkeiten, die nur eine kurze Einweisung erfordern.

Beispiele:

– Einfache Küchenarbeiten[1]
– Reinigungsarbeiten[1]
– Kopierarbeiten
– Einfache Belegbearbeitung

---

1 Siehe Sonderregelung in § 4 Ziff. 3 MTV.

Besondere Gehaltsgruppe für folgende Tätigkeiten, die nur eine kurze Einweisung erfordern (nur für Neueinstellungen ab 1.1.2008) – Gehaltsgruppe A:

– Scannen
– Postvorbereitung

Gehaltsgruppe II

Tätigkeiten, die Kenntnisse oder Fertigkeiten voraussetzen, wie sie im Allgemeinen durch eine planmäßige Einarbeitung erworben werden.

Beispiele:

– Einfache Schreibarbeiten
– Einfache Datenerfassungsarbeiten
– Einfache Fernsprecharbeiten
– Registratur- und Karteiarbeiten
– Einfache allgemeine Büroarbeiten
– Belegbearbeitung

– Küchenarbeiten
– Einfache handwerkliche Tätigkeiten
– Einfache Kraftfahrer- und Hausmeistertätigkeiten
– Postabfertigungsarbeiten
– Arbeiten in der Materialverwaltung
– Pförtner- und Wächtertätigkeiten

Besondere Gehaltsgruppe für folgende Tätigkeiten, die Kenntnisse oder Fertigkeiten voraussetzen, wie sie im Allgemeinen durch eine planmäßige Einarbeitung erworben werden (nur für Neueinstellungen ab 1.1.2008) – Gehaltsgruppe B:

– Identifizieren
– Indexieren
– Erkennen

Gehaltsgruppe III

Tätigkeiten, die Fachkenntnisse voraussetzen, wie sie im Allgemeinen durch eine abgeschlossene Berufsausbildung[1] oder durch einschlägige Erfahrung erworben werden.

Beispiele:

- Einfache Antrags- und Vertragssachbearbeitung
- Einfache Schaden- und Leistungssachbearbeitung
- Einfache Rück- und Mitversicherungssachbearbeitung einschließlich Verrechnung

- Einfache Sachbearbeitung in Vertrieb, Marketing, Verkaufsförderung
- Einfache Inkasso-Sachbearbeitung
- Einfache Sachbearbeitung im Rechnungswesen
- Einfache Sachbearbeitung in der Gehaltsabrechnung
- Einfache Sachbearbeitung im Einkauf
- Einfache Personalsachbearbeitung ID/AD

- Einfache Vor- und Nacharbeiten in der IT
- Einfaches Bedienen von IT-Anlagen

- Schreibarbeiten
- Datenerfassungsarbeiten
- Fernsprecharbeiten
- Registraturarbeiten mit erhöhten Anforderungen einschließlich Mikroverfilmung

- Tätigkeit als Beikoch/Beiköchin
- Handwerker- und Facharbeitertätigkeiten
- Kraftfahrer- und Hausmeistertätigkeiten
- Postabfertigungsarbeiten mit erhöhten Anforderungen
- Arbeiten in der Materialverwaltung mit erhöhten Anforderungen
- Einfache Arbeiten mit DV-gestützten Materialverwaltungssystemen
- Pförtner- und Wächtertätigkeiten mit erhöhten Anforderungen

---

1   Protokollnotiz vom 25.10.1990:
    „Die Tarifvertragsparteien sind darüber einig, dass unter Berufsausbildung im Gehaltsgruppenmerkmal III alle Arten von Berufsausbildung, also auch die zum Versicherungskaufmann, zu verstehen sind."

–   Tätigkeit als Leiter oder Leiterin eines Arbeitsbereichs, sofern die überwiegende Zahl der Arbeitnehmer des geleiteten Arbeitsbereichs in Gehaltsgruppe II tariflich einzugruppieren ist. Wenn keine Eingruppierung überwiegt, kommt es auf die tariflich zutreffende Eingruppierung der für den Arbeitsbereich prägenden Tätigkeiten an. Die Tätigkeit als Leiter setzt voraus, dass fachliche und personelle Führungsverantwortung für die Arbeitnehmer des geleiteten Arbeitsbereichs ausgeübt wird.

Gehaltsgruppe IV

Tätigkeiten, die vertiefte Fachkenntnisse voraussetzen, wie sie im Allgemeinen durch zusätzliche Berufserfahrung nach einer abgeschlossenen Berufsausbildung zum Versicherungskaufmann oder einer ihrer Art entsprechenden Berufsausbildung oder durch die Aneignung entsprechender Kenntnisse für den jeweiligen Tätigkeitsbereich erworben werden.

Beispiele:

–   Antrags- und Vertragssachbearbeitung
–   Schaden- und Leistungssachbearbeitung
–   Sachbearbeitung im Kundendienst/Service-Center
–   Rück- und Mitversicherungssachbearbeitung

–   Sachbearbeitung in Vertrieb, Marketing, Verkaufsförderung
–   Inkasso-Sachbearbeitung
–   Sachbearbeitung im Rechnungswesen
–   Sachbearbeitung in der Gehaltsabrechnung
–   Sachbearbeitung im Einkauf
–   Personalsachbearbeitung ID/AD
–   Vor- und Nacharbeiten in der IT
–   Bedienen von IT-Anlagen
–   Einfache Arbeitsvorbereitung/Produktionssteuerung in der IT
–   Programmierarbeiten mit einfacher Aufgabenstellung

–   Schreibarbeiten mit erhöhten Anforderungen
–   Datenerfassungsarbeiten mit erhöhten Anforderungen
–   Fernsprecharbeiten mit erhöhten Anforderungen
–   Sekretariatsarbeiten

- Tätigkeit als Koch/Köchin
- Handwerker- und Facharbeitertätigkeiten mit erhöhten Anforderungen
- Kraftfahrer- und Hausmeistertätigkeiten mit erhöhten Anforderungen
- Qualifizierte Postabfertigungsarbeiten
- Qualifizierte Arbeiten in der Materialverwaltung
- Arbeiten mit elektronischen Sicherheits- und Überwachungsanlagen

- Tätigkeit als Leiter oder Leiterin eines Arbeitsbereichs, sofern die überwiegende Zahl der Arbeitnehmer des geleiteten Arbeitsbereichs in Gehaltsgruppe III tariflich einzugruppieren ist. Wenn keine Eingruppierung überwiegt, kommt es auf die tariflich zutreffende Eingruppierung der für den Arbeitsbereich prägenden Tätigkeiten an. Die Tätigkeit als Leiter setzt voraus, dass fachliche und personelle Führungsverantwortung für die Arbeitnehmer des geleiteten Arbeitsbereichs ausgeübt wird.

Gehaltsgruppe V

Tätigkeiten, die gründliche oder vielseitige Fachkenntnisse voraussetzen, wie sie durch mehrjährige einschlägige Erfahrungen erworben werden, oder Tätigkeiten, die umfassende theoretische Kenntnisse erfordern.

Beispiele:

- Antrags- und Vertragssachbearbeitung mit erhöhten Anforderungen
- Schaden- und Leistungssachbearbeitung mit erhöhten Anforderungen
- Sachbearbeitung im Kundendienst/Service-Center mit erhöhten Anforderungen
- Außenregulierung
- Rück- und Mitversicherungssachbearbeitung mit erhöhten Anforderungen
- Fachbezogene Tätigkeiten in der Tarifkalkulation/Versicherungsmathematik

- Sachbearbeitung in Vertrieb, Marketing, Verkaufsförderung mit erhöhten Anforderungen
- Sachbearbeitung im Grundstücks-, Hypotheken- und Wertpapierbereich
- Inkasso-Sachbearbeitung mit erhöhten Anforderungen
- Sachbearbeitung im Bereich Steuer und Recht
- Sachbearbeitung im Rechnungswesen mit erhöhten Anforderungen
- Sachbearbeitung in der Gehaltsabrechnung mit erhöhten Anforderungen
- Sachbearbeitung im Einkauf mit erhöhten Anforderungen
- Personalsachbearbeitung ID/AD mit erhöhten Anforderungen
- Fachbezogene Tätigkeiten in Betriebsorganisation, Planung, Controlling, Revision, Personalentwicklung, Ausbildung, Werbung, Öffentlichkeitsarbeit

- Bedienen von IT-Anlagen mit erhöhten Anforderungen
- Arbeitsvorbereitung/Produktionssteuerung in der IT
- Programmierarbeiten
- Einfache Arbeiten als Systemanalytiker
- Einfache Arbeiten als IT-Organisator

- Qualifizierte Schreibarbeiten
- Sekretariatsarbeiten mit erhöhten Anforderungen

- Tätigkeit als Koch/Köchin mit erhöhten Anforderungen
- Qualifizierte Hausmeistertätigkeit, z. B. in Großobjekten
- Technikertätigkeiten

- Tätigkeit als Leiter oder Leiterin eines Arbeitsbereichs, sofern die überwiegende Zahl der Arbeitnehmer des geleiteten Arbeitsbereichs in Gehaltsgruppe IV tariflich einzugruppieren ist. Wenn keine Eingruppierung überwiegt, kommt es auf die tariflich zutreffende Eingruppierung der für den Arbeitsbereich prägenden Tätigkeiten an. Die Tätigkeit als Leiter setzt voraus, dass fachliche und personelle Führungsverantwortung für die Arbeitnehmer des geleiteten Arbeitsbereichs ausgeübt wird[1].

---

1   Siehe Fußnote 1 zu Gehaltsgruppe VII.

Gehaltsgruppe VI[1]

Tätigkeiten, die besonders gründliche oder besonders vielseitige Fachkenntnisse erfordern, oder Tätigkeiten, die den Anforderungen der Gehaltsgruppe V entsprechen und mit besonderer Entscheidungsbefugnis verbunden sind. Dem gleichzusetzen sind Tätigkeiten, die gründliche und vielseitige Fachkenntnisse erfordern.

Beispiele:

- Qualifizierte Antrags- und Vertragssachbearbeitung
- Qualifizierte Schaden- und Leistungssachbearbeitung
- Qualifizierte Sachbearbeitung im Kundendienst/Service-Center
- Außenregulierung mit erhöhten Anforderungen
- Qualifizierte Rück- und Mitversicherungssachbearbeitung
- Fachbezogene Tätigkeiten in der Tarifkalkulation/Versicherungsmathematik mit erhöhten Anforderungen

- Qualifizierte Sachbearbeitung in Vertrieb, Marketing, Verkaufsförderung
- Sachbearbeitung im Grundstücks-, Hypotheken- und Wertpapierbereich mit erhöhten Anforderungen
- Qualifizierte Inkasso-Sachbearbeitung
- Sachbearbeitung im Bereich Steuer und Recht mit erhöhten Anforderungen
- Qualifizierte Sachbearbeitung im Rechnungswesen
- Qualifizierte Sachbearbeitung in der Gehaltsabrechnung
- Qualifizierte Sachbearbeitung im Einkauf
- Qualifizierte Personalsachbearbeitung ID/AD

---

1   Übergangsregelung vom 25.10.1990:
„Bei der Einstufung der Arbeitnehmer in die neue Gehaltsgruppe VI ist wie folgt zu verfahren:
  a) Arbeitnehmer, die bisher in Gruppe V eingestuft sind und deren Tätigkeit die Voraussetzungen der Gruppe VI (neu) nicht erfüllt, bleiben der Gruppe V zugeordnet. Das gilt auch dann, wenn sie eine übertarifliche Zulage erhalten und ihre Gesamtbezüge dadurch über dem Gehalt der Gruppe VI (neu) liegen.
  b) Arbeitnehmer, die bisher in Gruppe V eingestuft sind und deren Tätigkeit die Voraussetzungen der Gruppe VI (neu) erfüllt, sind in die Gruppe VI (neu) einzustufen. Dabei werden Tätigkeitszulagen nach § 6 MTV auf die Differenz zwischen Gruppe V und Gruppe VI (neu) angerechnet. Ebenso werden sonstige Gehaltsbestandteile (einschließlich Berufsjahrvorgriffen) ungeachtet ihrer Bezeichnung insoweit angerechnet, als sie ihrem Zweck nach einer Tätigkeitszulage entsprechen."

– Fachbezogene Tätigkeiten mit erhöhten Anforderungen in Betriebsorganisation, Planung, Controlling, Revision, Personalentwicklung, Ausbildung, Werbung, Öffentlichkeitsarbeit

– Arbeitsvorbereitung/Produktionssteuerung in der IT mit erhöhten Anforderungen
– Programmierarbeiten mit erhöhten Anforderungen
– Arbeiten als Systemprogrammierer
– Arbeiten als Systemanalytiker
– Arbeiten als IT-Organisator

– Qualifizierte Sekretariatsarbeiten

– Technikertätigkeiten mit erhöhten Anforderungen

– Tätigkeit als Leiter oder Leiterin eines Arbeitsbereichs, sofern die überwiegende Zahl der Arbeitnehmer des geleiteten Arbeitsbereichs in Gehaltsgruppe V tariflich einzugruppieren ist. Wenn keine Eingruppierung überwiegt, kommt es auf die tariflich zutreffende Eingruppierung der für den Arbeitsbereich prägenden Tätigkeiten an. Die Tätigkeit als Leiter setzt voraus, dass fachliche und personelle Führungsverantwortung für die Arbeitnehmer des geleiteten Arbeitsbereichs ausgeübt wird[1].

Gehaltsgruppe VII

Tätigkeiten, die hohe Anforderungen an das fachliche Können stellen und mit erweiterter Fach- oder Führungsverantwortung verbunden sind.

Beispiele:

– Besonders qualifizierte Antrags- und Vertragssachbearbeitung
– Besonders qualifizierte Schaden- und Leistungssachbearbeitung
– Besonders qualifizierte Sachbearbeitung im Kundendienst/Service-Center
– Qualifizierte Außenregulierung
– Besonders qualifizierte Rück- und Mitversicherungssachbearbeitung

---

1   Siehe Fußnote 1 zu Gehaltsgruppe VII.

- Qualifizierte fachbezogene Tätigkeiten in der Tarifkalkulation/Versicherungsmathematik
- Besonders qualifizierte Sachbearbeitung in Vertrieb, Marketing, Verkaufsförderung
- Qualifizierte Sachbearbeitung im Grundstücks-, Hypotheken- und Wertpapierbereich
- Besonders qualifizierte Inkasso-Sachbearbeitung
- Qualifizierte Sachbearbeitung im Bereich Steuer und Recht
- Besonders qualifizierte Sachbearbeitung im Rechnungswesen
- Besonders qualifizierte Sachbearbeitung in der Gehaltsabrechnung
- Besonders qualifizierte Sachbearbeitung im Einkauf
- Besonders qualifizierte Personalsachbearbeitung ID/AD
- Qualifizierte fachbezogene Tätigkeiten in Betriebsorganisation, Planung, Controlling, Revision, Personalentwicklung, Ausbildung, Werbung, Öffentlichkeitsarbeit

- Arbeiten als Systemprogrammierer mit erhöhten Anforderungen
- Arbeiten als Systemanalytiker mit erhöhten Anforderungen
- Arbeiten als IT-Organisator mit erhöhten Anforderungen

- Qualifizierte Technikertätigkeiten

- Tätigkeit als Leiter oder Leiterin eines Arbeitsbereiches, sofern die überwiegende Zahl der Arbeitnehmer des geleiteten Arbeitsbereichs in Gehaltsgruppe VI tariflich einzugruppieren ist. Wenn keine Eingruppierung überwiegt, kommt es auf die tariflich zutreffende Eingruppierung der für den Arbeitsbereich prägenden Tätigkeiten an. Die Tätigkeit als Leiter setzt voraus, dass fachliche und personelle Führungsverantwortung für die Arbeitnehmer des geleiteten Arbeitsbereichs ausgeübt wird.[1]

---

1   Zu den Tätigkeitsbeispielen für Leiter oder Leiterinnen eines Arbeitsbereichs in den Gehaltsgruppen V bis VII wurde bei ihrer Einführung am 16.2.1995 folgende Besitzstandsregelung vereinbart:
„Für Arbeitnehmer und Arbeitnehmerinnen, die nach dem 1.1.1991 höher eingruppiert wurden, als es nach Ziff. 1 erforderlich ist, erfolgt grundsätzlich keine Herabgruppierung. Der Arbeitgeber kann im Einvernehmen mit dem Betriebsrat/Personalrat eine anderweitige Regelung der Besitzstandssicherung treffen."
(Ziff. 1 meint die vorstehend genannten Tätigkeitsbeispiele).

Gehaltsgruppe VIII

Tätigkeiten, die in den Anforderungen an das fachliche Können und in der Fach- oder Führungsverantwortung über diejenigen der Gehaltsgruppe VII hinausgehen.

4. Auflage Januar 2020

Übernahmeanspruch für Ausgebildete mit guten Leistungen (TVÜ)

(in der ab 1.2.2020 geltenden Fassung)

Auszubildende, die bis spätestens einschließlich 31.1.2022 ihre Ausbildung zum Kaufmann/Kauffrau für Versicherungen und Finanzen erfolgreich beenden und die Voraussetzungen des § 4 Ziff. 2 a) Abs. 2 Satz 4 und 5 MTV erfüllen, haben bei persönlicher Eignung Anspruch auf ein Arbeitsvertragsangebot des ausbildenden Unternehmens, gerichtet auf den Abschluss eines für zwölf Monate befristeten Arbeitsverhältnisses. Die Möglichkeit der Anwendung von § 14 Abs. 2 TzBfG ist hierbei Voraussetzung für das Bestehen des vorgenannten Rechtsanspruches. Das Arbeitsvertragsangebot muss einen Beginn des Arbeitsverhältnisses spätestens mit Beginn des übernächsten Monats nach Bekanntgabe des Prüfungsergebnisses gegenüber dem ausbildenden Unternehmen vorsehen. Das ausbildende Unternehmen kann von der Unterbreitung eines solchen Arbeitsvertragsangebotes absehen (Entpflichtung), sofern die betrieblichen Leistungen und/oder Gründe in der Person oder dem Verhalten des Auszubildenden einer Übernahme widersprechen. Rechtzeitig vor Beendigung des befristeten Arbeitsverhältnisses prüft der Arbeitgeber eine Übernahme des übernommenen Ausgebildeten in ein unbefristetes Arbeitsverhältnis.

Die Tarifvertragsparteien appellieren, betriebliche Regelungen, die über die in diesem Tarifvertrag geltenden Regelungen hinausgehen, aufrecht zu erhalten.

Wuppertal/Berlin/München, den 21.1.2020

Unterschriften

Der Übernahmeanspruch für Ausgebildete mit guten Leistungen wurde vom Arbeitgeberverband mit der Dienstleistungsgewerkschaft ver.di, der DHV und dem DBV abgeschlossen.

Tarifvertrag zur Verlängerung der Höchstüberlassungsdauer bei erlaubnispflichtiger konzerninterner Arbeitnehmerüberlassung (TV AÜG konzernintern)

(in der ab 1.7.2019 geltenden Fassung)

Zwischen den unterzeichnenden Tarifvertragsparteien wird für die Angestellten, die unter den Geltungsbereich des Manteltarifvertrages für das private Versicherungsgewerbe fallen, folgende Vereinbarung getroffen:

Präambel

Mit Gesetz zur Änderung des Arbeitnehmerüberlassungsgesetzes und anderer Gesetze vom 21.2.2017 hat der Gesetzgeber zum Zwecke der Einschränkung der Arbeitnehmerüberlassung als Instrument einer dauerhaften Arbeitsorganisation die Möglichkeit der Arbeitnehmerüberlassung zeitlich begrenzt. Gemäß § 1 Abs. 1b) in der ab 1.4.2017 geltenden Fassung des Arbeitnehmerüberlassungsgesetzes (AÜG) darf der Verleiher denselben Leiharbeitnehmer nicht länger als 18 aufeinanderfolgende Monate demselben Entleiher überlassen.

Gemäß § 1 Abs. 3 Nr. 2 AÜG ist die konzerninterne Arbeitnehmerüberlassung grundsätzlich erlaubnisfrei. Dies gilt jedoch nicht für Arbeitnehmer, die zum Zwecke der Überlassung eingestellt und beschäftigt werden und zwischen Konzernunternehmen im Sinne von § 18 des Aktiengesetzes überlassen werden.

Die Überlassung von Angestellten innerhalb des Konzerns ist in der Versicherungswirtschaft regelmäßig dem im Versicherungsaufsichtsgesetz verankerten Spartentrennungsprinzip geschuldet. Die Begrenzung der Höchstüberlassungsdauer für die erlaubnispflichtige konzerninterne Arbeitnehmerüberlassung erscheint daher nicht sachgerecht, wenn der/die verliehene Angestellte sowohl beim eigenen Vertragsarbeitgeber (Verleiher), als auch beim Einsatzunternehmen (Entleiher) denselben tarifvertraglichen Konditionen unterliegt. Vor diesem Hintergrund vereinbaren die Tarifvertragsparteien Folgendes:

§ 1 Erweiterung der Höchstüberlassungsdauer

Abweichend von § 1 Abs. 1b) Satz 1 AÜG kann derselbe/dieselbe Angestellte zwischen Konzernunternehmen im Sinne des § 18 des Aktiengesetzes im Wege der Arbeitnehmerüberlassung für die Dauer von 45 Jahren entliehen werden, sofern für den/die entliehene/n Angestellte/n die Tarifverträge für die private Versicherungswirtschaft Anwendung finden.

§ 2 Schlussbestimmungen

Dieser Tarifvertrag tritt am 1.7.2019 in Kraft.

Dieser Tarifvertrag kann mit einer Frist von drei Monaten, frühestens jedoch zum 31.12.2020 gekündigt werden.

Im Falle einer Kündigung endet die Höchstüberlassungsdauer 18 Monate nach Ende der Geltung dieses Tarifvertrages.

München/Wuppertal/Berlin, den 27.5.2019

Unterschriften

Der TV AÜG konzernintern wurde vom Arbeitgeberverband mit der Dienstleistungsgewerkschaft ver.di, der DHV und dem DBV abgeschlossen.

Tarifvertrag zur Verlängerung der Höchstüberlassungsdauer bei Arbeitnehmerüberlassung (TV AÜG extern)

(in der ab 1.2.2020 geltenden Fassung)

Zwischen den unterzeichnenden Tarifvertragsparteien wird für die Unternehmen, die unter den Geltungsbereich des Manteltarifvertrages für das private Versicherungsgewerbe fallen, folgende Vereinbarung getroffen:

Präambel

Mit Gesetz zur Änderung des Arbeitnehmerüberlassungsgesetzes und anderer Gesetze vom 21.2.2017 hat der Gesetzgeber zum Zwecke der Einschränkung der Arbeitnehmerüberlassung als Instrument einer dauerhafter Arbeitsorganisation die Möglichkeit der Arbeitnehmerüberlassung zeitlich begrenzt. Gemäß § 1 Abs. 1b in der ab 1.4.2017 geltenden Fassung des Arbeitnehmerüberlassungsgesetzes (AÜG) darf der Verleiher denselben Leiharbeitnehmer nicht länger als 18 aufeinanderfolgende Monate demselben Entleiher überlassen.

In bestimmten Bereichen des Versicherungsbetriebes wird das Instrument der Arbeitnehmerüberlassung eingesetzt, weil die Versicherungsunternehmen auf dem Arbeitsmarkt keine qualifizierten Arbeitskräfte finden, die unmittelbar beim Versicherungsunternehmen angestellt werden können. In diesen Bereichen ist es zum Teil notwendig, auf das Instrument der Arbeitnehmerüberlassung zurückzugreifen. Die Arbeitnehmerüberlassung erfolgt nicht mit Blick auf die schlechteren Arbeitsbedingungen der Angestellten bei ihrem Vertragsarbeitgeber, sondern deshalb, weil der Personalbedarf in anderer Art und Weise nicht gedeckt werden kann.

Vor diesem Hintergrund vereinbaren die Tarifvertragsparteien Folgendes:

§ 1 Erweiterung der Höchstüberlassungsdauer

Abweichend von § 1 Abs. 1b S. 1 AÜG können maximal 5 % der im Unternehmen beschäftigten Angestellten im Wege der Arbeitnehmerüberlassung für die Dauer von bis zu 48 Monaten entliehen werden, wenn auf diese entliehenen Angestellten vom ersten Tag der Beschäftigung im Einsatzbetrieb des unter den Geltungsbereich dieses Tarifvertrages gefassten Unternehmens die Grundsätze *„equal pay"* und *„equal treatment"* (§ 8 Abs. 1 AÜG) Anwendung finden. Es dürfen also keine zu Ungunsten des/der Angestellten abweichende Regelungen gem. § 8 Abs. 2 AÜG bestehen.

§ 2 Mitbestimmung

Der Betriebsrat ist bei der Einstellung von Leiharbeitnehmern in Anwendung von § 1 nach § 99 BetrVG zu beteiligen. §§ 99 Abs. 4 und 100 BetrVG finden keine Anwendung.

§ 3 Schlussbestimmungen

Dieser Tarifvertrag tritt am 1.2.2020 in Kraft.

Der Tarifvertrag gilt befristet bis zum 30.6.2022.

Auf Grundlage dieses Tarifvertrages während dessen Laufzeit abgeschlossene Verträge gelten über das Datum der Beendigung dieses Tarifvertrages für die Dauer der im Zeitpunkt der Beendigung geltenden vertraglichen Regelungen hinaus.

Wuppertal/Berlin/München, den 21.1.2020

Unterschriften

Der TV AÜG extern wurde vom Arbeitgeberverband mit der Dienstleistungsgewerkschaft ver.di, der DHV und dem DBV abgeschlossen.

Tarifvertrag Mobiles Arbeiten (TV MobA)

(in der ab 1.7.2019 geltenden Fassung)

Zwischen den unterzeichnenden Tarifvertragsparteien wird für die Angestellten, die unter den Geltungsbereich des Manteltarifvertrags für das private Versicherungsgewerbe fallen, folgende Vereinbarung getroffen:

Präambel

Technologische und digitale Entwicklungen verändern die Versicherungswirtschaft mit zunehmender Geschwindigkeit. Dies wirkt sich sowohl auf das Kundenverhalten als auch die Erwartungshaltung der Mitarbeiter an „modernes Arbeiten" aus. Kunden erwarten eine bessere Erreichbarkeit ihres Versicherers und die Mitarbeiter eine flexible und eigenverantwortliche Gestaltung von Arbeit und Privatleben.

Um den digitalen Wandel im Interesse der Arbeitgeberattraktivität der Branche, der Belegschaft sowie der Unternehmen positiv zu begleiten, haben sich die Sozialpartner in Umsetzung der gemeinsamen Erklärung der Europäischen Sozialpartner zu den sozialen Auswirkungen der Digitalisierung vom 12.10.2016 auf Rahmenbedingungen zur Gestaltung von mobiler Arbeit geeinigt.

Die Tarifvertragsparteien sind sich einig, dass mobiles Arbeiten nicht zu einer ständigen Erreichbarkeit der Angestellten führen darf. Mobiles Arbeiten stellt besondere Anforderungen an die Eigenverantwortung der Beschäftigten. Die Angestellten sollen im Rahmen der gesetzlichen, tarifvertraglichen und betrieblichen Regelungen eigenverantwortlich und selbständig arbeiten können. Die Arbeitsmenge ist so zu gestalten, dass sie in diesem Rahmen von den Angestellten bewältigbar ist.

§ 1 Mobiles Arbeiten

Mobiles Arbeiten im Sinne dieser Vereinbarung umfasst alle arbeitsvertraglichen Tätigkeiten, die zeitweise oder regelmäßig – sowohl online als auch offline – ortsungebunden außerhalb der betrieblichen Arbeitsstätte durchgeführt werden.

Nicht umfasst sind Tätigkeiten oder Arbeitsformen, die aufgrund ihrer Eigenart außerhalb des Betriebes zu erbringen sind, z.b. reisender Außendienst und vergleichbare Tätigkeiten, Bereitschaftsdienst, Rufbereitschaft, Telearbeit[1].

Die arbeitsschutzrechtlichen Anforderungen an Telearbeitsplätze gemäß § 1 Abs. 3 ArbStättV finden bei mobilem Arbeiten keine Anwendung. Der Arbeitgeber hat mobil arbeitende Angestellte gem. § 12 Abs. 1 ArbSchG über Sicherheit und Gesundheitsschutz bei der Arbeit ausreichend und angemessen zu unterweisen.

§ 2 Rahmenbedingungen für betriebliche Regelungen

Die Betriebsparteien können mobiles Arbeiten durch freiwillige Betriebsvereinbarung vereinbaren. Dabei sind folgende Grundsätze zu berücksichtigen:

1. Doppelte Freiwilligkeit

Die Entscheidung, ob für eine bestimmte Personengruppe bzw. einen bestimmten Bereich mobiles Arbeiten generell als Arbeitsform vorgesehen ist, liegt beim Arbeitgeber. Gleiches gilt für die Herausnahme einer bestimmten Personengruppe (z.B. Auszubildende, Praktikanten, Angestellte in Probezeit) oder eines bestimmten Bereiches aus dieser Arbeitsform. Der Arbeitgeber hat bei seiner Entscheidung billiges Ermessen (§ 315 BGB) zu beachten.

Die Teilnahme der Angestellten an mobilem Arbeiten ist freiwillig. Sie können die Teilnahme ohne Angabe eines Grundes ablehnen. Aus der Teilnahme sowie Nichtteilnahme dürfen ihnen keine Nachteile im Arbeitsverhältnis entstehen.

2. Individuelle Teilnahme an mobiler Arbeit

Die individuelle Teilnahme an mobilem Arbeiten kann insbesondere für solche Tätigkeiten und Funktionen abgelehnt werden, die nach ihrer Art oder wegen entgegenstehender technischer Bedingungen oder aufgrund

---

1   Telearbeitsplätze sind vom Arbeitgeber fest eingerichtete Bildschirmarbeitsplätze im Privatbereich der Beschäftigten, für die der Arbeitgeber eine mit den Beschäftigten vereinbarte wöchentliche Arbeitszeit und die Dauer der Einrichtung festgelegt hat (s. § 2 Abs. 7 ArbStättV).

datenschutzrechtlicher Erfordernisse oder Sicherheitsanforderungen nicht geeignet sind, außerhalb der betrieblichen Arbeitsstätte verrichtet zu werden. Das Gleiche gilt, wenn der individuellen Teilnahme an mobiler Arbeit in der Person der Angestellten liegende Hinderungsgründe entgegenstehen.

Auf Verlangen der Angestellten soll der Arbeitgeber die Gründe für die Ablehnung oder Beendigung erläutern. Durch Regelung eines Konfliktlösungsmechanismus (bspw. Einrichtung einer Schlichtungsstelle) auf betrieblicher Ebene können Streitigkeiten zwischen Arbeitgeber und Angestellten beigelegt werden. Der Arbeitgeber ist verpflichtet, die Gründe für die Ablehnung oder Beendigung schriftlich zu erläutern, es sei denn Arbeitgeber und Betriebsrat haben sich auf Schlichtungsmechanismen verständigt.

3. *Ausgestaltung der individuellen mobilen Arbeit*

Die individuelle Ausgestaltung der mobilen Arbeit erfolgt zwischen den Angestellten und der Führungskraft. Sie verständigen sich unter angemessener Berücksichtigung der betrieblichen und persönlichen Interessen auf Lage, Zeitraum und Häufigkeit des mobilen Arbeitens sowie der Erreichbarkeit der Angestellten während der Mobilarbeit. Betriebliche Veranstaltungen/Termine haben stets Vorrang vor mobilem Arbeiten.

Die Angestellten haben unter Berücksichtigung ihrer Erreichbarkeit sowie datenschutzrechtlicher Anforderungen sicherzustellen, dass die Erfüllung der Arbeitsleistung am jeweils von ihnen gewählten Arbeitsort gewährleistet ist.

Um die Bindung und den sozialen Kontakt zum Team sowie den betrieblichen Informationsfluss aufrecht zu erhalten, ist eine regelmäßige Präsenz in der Betriebsstätte grds. erforderlich. Für im Betrieb zu erbringende Arbeitsleistung wird den Angestellten ein für die Aufgabenerledigung geeigneter Arbeitsplatz zur Verfügung gestellt.

4. *Ausstattung*

Die Ausgestaltung der Ausstattung (Ob und Wie) der mobil arbeitenden Angestellten mit mobilen IT-Telekommunikationsgeräten und -software sowie sonstigen Arbeitsmitteln durch den Arbeitgeber kann betrieblich geregelt werden.

5. *Leistungs- und Verhaltenskontrolle*

Eine maschinelle Leistungs- und Verhaltenskontrolle der in Mobilarbeit befindlichen Angestellten wird nur dann vorgenommen werden, wenn eine entsprechende Vereinbarung zwischen Arbeitgeber und Betriebsrat dies zulässt. Im Übrigen gelten die gesetzlichen Bestimmungen, insbesondere § 26 Abs. 1 BDSG, Art. 88 Abs. 1 DSGVO.

6. *Gewerkschaftliche Informationen*

Zum Ausgleich der verminderten Möglichkeiten der Angestellten bei mobiler Arbeit, gewerkschaftliche Informationsangebote im Betrieb zu nutzen, stellt der Arbeitgeber im Rahmen seiner digitalen Kommunikationskanäle sicher, dass mobil arbeitende Angestellte über die Angebote der Gewerkschaft informiert werden (beispielsweise durch Verlinkung im Intranet auf die Webseite der Gewerkschaft).

Im Falle eines Arbeitskampfes ruht diese Verpflichtung.

§ 3 Arbeitszeitrechtliche Regelungen

1. Die gesetzlichen, tariflichen, betrieblichen als auch vertraglichen Arbeitszeitregelungen sind bei mobiler Arbeit einzuhalten.

2. Für Angestellte, die in den Geltungsbereich einer Betriebsvereinbarung fallen, die mobiles Arbeiten ermöglicht und den Anforderungen dieses Tarifvertrages entspricht, verkürzt sich die Ruhezeit gemäß § 5 Abs. 1 ArbZG zwischen Beendigung der täglichen Arbeitszeit und der Wiederaufnahme auf bis zu neun Stunden, wenn sie das Ende der täglichen Arbeitszeit an diesem Tag oder den Beginn der täglichen Arbeitszeit am Folgetag selbst festlegen können und die Art der Arbeit eine Verkürzung der Ruhezeit erfordert. Der Ausgleich der Verkürzung der Ruhezeit muss innerhalb eines Ausgleichszeitraums von sechs Monaten erfolgen.

3. Bei Abschluss einer freiwilligen Betriebsvereinbarung zur Mobilarbeit finden die folgenden tariflichen Regelungen ergänzend Anwendung:

a)   Arbeitszeiterfassung

Mobile Arbeit ist im Rahmen bestehender betrieblicher Regelungen zu erfassen und zu vergüten.

b)   Zuschlagsregelungen

Zuschläge für Arbeitsleistungen der mobil arbeitenden Angestellten zu ungünstigen Zeiten (z.B. Sonn-, Feiertags-, Nachtarbeit) fallen nur dann entsprechend den tarifvertraglichen Regelungen an, wenn die den Anspruch begründenden Zeiten arbeitgeberseitig veranlasst waren.

§ 4   Datenschutz und Datensicherheit, Informationsschutz

Auf den Schutz von Daten und Informationen gegenüber Dritten ist beim mobilen Arbeiten besonders zu achten. Arbeitgeber und Angestellte sind verpflichtet, diese Anforderungen einzuhalten. Vertrauliche Daten und Informationen sind von den Angestellten so zu schützen, dass Dritte keine Einsicht und/oder Zugriff nehmen können. Dies ist insbesondere bei Tätigkeiten außerhalb des betrieblich veranlassten Arbeitsortes zu beachten. Es gelten darüber hinaus die betrieblichen Regelungen zur Einhaltung des Datenschutzes und des Informationsschutzes.

Die Angestellten werden in geeigneter Weise über die gesetzlichen und unternehmensinternen Regelungen zur Umsetzung des Datenschutzes und der Datensicherheit informiert.

Der Arbeitgeber hat bei der Einführung von mobilem Arbeiten die gegebenenfalls erforderlichen Datenschutzmaßnahmen zu ergreifen.

§ 5   Schlussbestimmungen

Dieser Tarifvertrag tritt am 1.7.2019 in Kraft. Zum Zeitpunkt des Inkrafttretens dieses Tarifvertrages bereits geltende Betriebsvereinbarungen bestehen fort. Dies gilt auch insoweit, als sie Regelungen vorsehen, die für die Angestellten weniger günstig sind als in diesem Tarifvertrag geregelt.

Durch freiwillige Betriebsvereinbarung können auch weitere sowie weitergehende Regelungen vereinbart werden, soweit diese den tarifvertraglichen Bestimmungen nicht entgegenstehen.

Der Tarifvertrag kann mit einer Frist von drei Monaten zum Ende eines Kalenderjahres gekündigt werden, frühestens jedoch zum 31.12.2020. Die Kündigung bedarf der Schriftform.

München/Wuppertal/Berlin, den 27.5.2019

Unterschriften

Der TV MobA wurde vom Arbeitgeberverband mit der Dienstleistungsgewerkschaft ver.di, der DHV und dem DBV abgeschlossen.

Tarifvertrag zur Entgeltumwandlung (TV EU)

(in der ab 1.1.2018 geltenden Fassung)

Zwischen den unterzeichnenden Tarifvertragsparteien wird für die Angestellten, die unter den Geltungsbereich des Manteltarifvertrages für das private Versicherungsgewerbe fallen, in Anwendung der §§ 1a, 19 BetrAVG folgende Vereinbarung getroffen:

§ 1 Entgeltumwandlung

Die Angestellten können auf Ansprüche auf Bezüge, die sie kraft des Gehalts- bzw. Manteltarifvertrages oder der Tarifvereinbarung über vermögenswirksame Leistungen erwerben bzw. erworben haben, verzichten, wenn und soweit für den Entgeltverzicht vom Arbeitgeber ein Ausgleich in Form eines Versorgungsversprechens erfolgt (Entgeltumwandlung).

§ 2 Rechtsanspruch auf Entgeltumwandlung

(1) Stellen Angestellte einen schriftlichen Antrag auf Entgeltumwandlung (Entgeltverzicht gegen Versorgungsversprechen), so hat der Arbeitgeber im Gegenzug gegen einen Entgeltverzicht des Angestellten eine sofort unverfallbare Versorgungsanwartschaft zu erteilen. Der Rechtsanspruch auf Entgeltumwandlung kann in einer Höhe von 5.200 Euro geltend gemacht werden, mindestens aber in Höhe des durch § 1a BetrAVG vorgesehenen Höchstbetrages. Der Rechtsanspruch besteht nur bezüglich der Umwandlung von künftigen Entgeltansprüchen.

(2) Der/die Angestellte hat in seinem/ihrem Antrag den Verzichtsgegenstand und die Höhe des Verzichtsbetrages anzugeben. Der Verzichtsgegenstand setzt sich aus der Summe der Entgeltbestandteile zusammen, auf die pro Kalenderjahr verzichtet wird. Bei Verzicht auf Bestandteile der regelmäßigen Monatsvergütung kann der Arbeitgeber verlangen, dass der/die Angestellte während eines Kalenderjahres auf monatlich gleichbleibende Beträge verzichtet. Der Arbeitgeber kann verlangen, dass die Verzichtsbeträge, die nicht Bestandteile der regelmäßigen Monatsvergütung sind, jeweils mindestens einen Wert von 50 Euro haben müssen. Der Antrag auf Entgeltumwandlung kann vom Arbeitgeber abgelehnt werden,

wenn der Mindestumwandlungsbetrag gem. § 1a Abs. 1 Satz 4 BetrAVG unterschritten wird.

(3) Der Arbeitgeber legt den Durchführungsweg der betrieblichen Altersversorgung fest. Hierbei sind sämtliche Durchführungswege gem. BetrAVG zulässig.[1] Erfolgt keine Festlegung durch den Arbeitgeber, so kann der/die Angestellte den Abschluss einer Direktversicherung verlangen. Der Arbeitgeber kann die Durchführung der Entgeltumwandlung im jeweils angebotenen Durchführungsweg von der steuerlichen Anerkennung durch das jeweilige Betriebsstätten-Finanzamt abhängig machen.

(4) Der Arbeitgeber ist im Falle der Beantragung einer Entgeltumwandlung zur Abgabe einer Rentenzusage (mit oder ohne Kapitalwahlrecht) verpflichtet. Er kann auch an Stelle dessen eine Kapitalzusage anbieten. Die Regelung der Entgeltumwandlung erfolgt im Übrigen durch Entgeltumwandlungsvereinbarung zwischen dem Arbeitgeber und den Angestellten. In dieser Vereinbarung werden auch die abgedeckten Risiken (Alters-, Invaliditäts-, Hinterbliebenenversorgung) festgelegt.

(5) Der Arbeitgeber kann jeweils einen oder mehrere jährliche Stichtage festsetzen, bis zu denen Entgeltumwandlungsvereinbarungen für künftige Zeiträume getroffen werden können und zu denen das Versorgungsversprechen erteilt bzw. erhöht wird.

(6) Mit Zustimmung des/der Angestellten kann der Arbeitgeber seine Verpflichtung zur Erteilung eines Versorgungsversprechens auch durch Erhöhung des Arbeitgeberaufwandes für eine bereits bestehende Anwartschaft auf betriebliche Altersversorgung erfüllen. Im Übrigen berühren bestehende weitere Anwartschaften oder Ansprüche auf betriebliche Altersversorgung die Versorgung nach einem Versorgungsversprechen gemäß Abs. 1 nicht und werden umgekehrt von diesem Versorgungsversprechen nicht berührt (dies gilt nicht für etwaige auf Grundlage dieser Vorschrift oder § 25 MTV in der Fassung bis zum 28.5.2001 bereits erteilter Versorgungsversprechen).

---

[1] Die Tarifvertragsparteien sind sich darin einig, dass die Unternehmen bei der Wahl des Durchführungsweges – soweit nicht bereits geschehen – möglichst alle vom Gesetz vorgesehenen Fördertatbestände der betrieblichen Altersversorgung ausschöpfen. Der Arbeitgeberverband verpflichtet sich, in Verhandlungen über eine Modifizierung von § 2 Abs. 3 Satz 1 TV-EU einzutreten, sofern die Gewerkschaft dies mit Blick auf konkrete Fälle, in denen Fördertatbestände ohne sachlichen Grund unausgeschöpft bleiben, verlangt. Die Tarifvertragsparteien sind sich darüber einig, dass diese Verhandlungen unter Herbeiführung einer Einigung zügig abgeschlossen werden.

(7) Die Fortsetzung der Versicherung oder Versorgung in entgeltfreien Zeiten gem. § 1a Abs. 4 BetrAVG bleibt unberührt.

(8) Der Rechtsanspruch der Angestellten auf Übertragung der betrieblichen Altersversorgung gem. § 4 Abs. 3 BetrAVG bleibt unberührt.

§ 3   Abweichende Regelungen

Durch freiwillige Betriebsvereinbarung können folgende von diesem Tarifvertrag abweichende Regelungen getroffen werden:

–   Erhöhung des vom Rechtsanspruch erfassten Höchstumwandlungsbetrages (§ 2 Abs. 1 Satz 2)

–   Zulassung der Entgeltumwandlung bezüglich bereits entstandener Entgeltbestandteile (§ 2 Abs. 1 Satz 3)

–   Senkung des vom Rechtsanspruch erfassten Mindestumwandlungsbetrages (§ 2 Abs. 2 Satz 5, 6)

–   Festlegung des Durchführungsweges der betrieblichen Altersversorgung (§ 2 Abs. 3 Satz 1, 2)

–   Festlegung von Stichtagen für die Entgeltumwandlung (§ 2 Abs. 5)

§ 4   Gehaltsabhängige Leistungen

Für Gehaltserhöhungen sowie für die Bemessung gehaltsabhängiger Leistungen (Sonderzahlungen, Jubiläumsgeld, Pensionsanspruch, Zuschläge etc.) bleiben die Bezüge ohne Gehaltsverzicht maßgebend.

§ 5   Inkrafttreten und Schlussbestimmung

Dieser Tarifvertrag tritt am 1.7.2005 in Kraft.

§ 27 MTV gilt entsprechend.

Dieser Tarifvertrag kann nur durch Kündigung des Manteltarifvertrages gem. § 28 Ziff. 1 MTV gekündigt werden.

Berlin/Hamburg/München, den 6.4.2005

Unterschriften

Der TV EU wurde vom Arbeitgeberverband mit der Dienstleistungsgewerkschaft ver.di, der DHV und dem DBV abgeschlossen.

Rationalisierungsschutzabkommen für das private Versicherungsgewerbe (RSchA)

(in der ab 23.5.2015 geltenden Fassung)

Zwischen den unterzeichnenden Tarifvertragsparteien wird für die Arbeitnehmer, die unter den Geltungsbereich von Teil II des Manteltarifvertrages für das private Versicherungsgewerbe fallen, folgende Vereinbarung getroffen:

§ 1 Grundsatz

Die Vertragspartner bejahen grundsätzlich die Notwendigkeit von Rationalisierungsmaßnahmen in Versicherungsunternehmen. Damit zusammenhängende Planungen und Maßnahmen müssen wirtschaftlichen und sozialen Gesichtspunkten Rechnung tragen.

§ 2 Begriffsbestimmung

Rationalisierungsmaßnahmen im Sinne dieser Vereinbarung sind vom Arbeitgeber veranlasste betriebsorganisatorische oder technische Maßnahmen mit dem Ziel der Erhaltung oder Verbesserung der Wirtschaftlichkeit des Unternehmens, soweit diese eine Änderung oder den Wegfall von Arbeitsplätzen zur Folge haben und damit unmittelbar zu Umgruppierungen, Versetzungen oder Kündigungen führen können. „Unmittelbar" im Sinne dieser Vorschrift ist keine Zeitbestimmung.

§ 3 Zusammenarbeit mit der Arbeitnehmervertretung

(1) Der Arbeitgeber hat den Betriebsrat oder Personalrat (Arbeitnehmervertretung) über die Planung von Rationalisierungsmaßnahmen umfassend zu unterrichten. Er hat mit der Arbeitnehmervertretung die vorgesehenen Maßnahmen und deren mögliche soziale und personelle Auswirkungen sowie die nach diesem Abkommen gebotenen Maßnahmen zu beraten.

(2) Die Unterrichtung hat jeweils so rechtzeitig zu erfolgen, dass die Arbeitnehmervertretung im Rahmen der Beratungen ihre Aufgaben und Rechte wahrnehmen kann.

(3) Weitergehende gesetzliche Mitwirkungsrechte der Arbeitnehmervertretung bleiben unberührt.

§ 4 Arbeitsplatzerhaltung

(1) Ändert sich die Tätigkeit eines Arbeitnehmers an seinem bisherigen Arbeitsplatz oder fällt dieser weg, hat grundsätzlich die Aufrechterhaltung eines Arbeitsverhältnisses innerhalb des Unternehmens Vorrang vor dessen Auflösung. Um Kündigungen zu vermeiden, hat der Arbeitgeber deshalb unter Beachtung der Grundsätze des § 1 Satz 2 und unter Anhörung der Arbeitnehmervertretung insbesondere folgende Maßnahmen zu prüfen: Einstellungsstopp, Beschränkung von Überstunden, Kurzarbeit, Versetzungen (gegebenenfalls nach Umschulung), vorzeitige Pensionierungen.

(2) Die Vertragsparteien gehen von der grundsätzlichen Bereitschaft der Arbeitnehmer zu Mobilität und Flexibilität aus.

§ 5 Weiterbeschäftigung[1]

(1) Ist die Weiterbeschäftigung an dem bisherigen Arbeitsplatz[2] nicht möglich, ist der Arbeitgeber verpflichtet, dem Arbeitnehmer in demselben Betrieb einen gleichwertigen anderen Arbeitsplatz anzubieten, der für den Arbeitnehmer geeignet und zumutbar ist.

(2) Steht ein Arbeitsplatz, der die Anforderungen des Abs. 1 erfüllt, nicht zur Verfügung, ist der Arbeitgeber verpflichtet, dem Arbeitnehmer einen gleichwertigen Arbeitsplatz in einem anderen Betrieb des Unternehmens anzubieten, der für den Arbeitnehmer geeignet und zumutbar ist.

---

1 Betriebe i.S.d. § 5 sind auch Betriebe des Unternehmens, die gemeinsam mit anderen Unternehmen desselben Konzerns (i.S.v. § 18 AktG) oder einer wirtschaftlich vergleichbaren Unternehmensgruppe betrieben werden (Protokollnotiz zur Tarifvereinbarung vom 16.4.1983).

2 Der Begriff „Arbeitsplatz" i.S.v. Abs. 1 wird nicht nur räumlich-gegenständlich, sondern auch inhaltlich-tätigkeitsbezogen verstanden. Abs. 1 und Abs. 8 finden danach jedenfalls auch dann Anwendung, wenn die tarifliche Wertigkeit sinkt und deshalb eine Abgruppierung erfolgt (Protokollnotiz zur Tarifvereinbarung vom 16.4.1983).

(3) Steht auch ein Arbeitsplatz, der die Anforderungen des Abs. 2 erfüllt, nicht zur Verfügung oder nimmt der Arbeitnehmer den ihm nach Abs. 2 angebotenen Arbeitsplatz nicht an, ist der Arbeitgeber verpflichtet, dem Arbeitnehmer einen geeigneten und zumutbaren Arbeitsplatz in demselben Betrieb anzubieten.

(4) Steht auch ein Arbeitsplatz, der die Anforderungen des Abs. 3 erfüllt, nicht zur Verfügung, ist der Arbeitgeber verpflichtet, dem Arbeitnehmer – soweit vorhanden – einen geeigneten und zumutbaren Arbeitsplatz in einem anderen Betrieb des Unternehmens anzubieten.

(5) Ein anderer Arbeitsplatz ist gleichwertig, wenn die Tätigkeit nach derselben Tarifgruppe vergütet wird. Er ist geeignet, wenn damit zu rechnen ist, dass der Arbeitnehmer die fachlichen und persönlichen Anforderungen des anderen Arbeitsplatzes erfüllen kann; dies ist auch dann der Fall, wenn zum Erwerb der Qualifikation für den anderen Arbeitsplatz eine Einarbeitung oder Umschulung erforderlich und dem Arbeitgeber gem. § 6 Abs. 1 Satz 1 zumutbar ist.

(6) Die Zumutbarkeit eines anderen Arbeitsplatzes für den Arbeitnehmer richtet sich nach der Art seiner bisherigen Tätigkeit, seinem Alter und Gesundheitszustand, seinen persönlichen Verhältnissen sowie den äußeren Umständen (z.B. bei einem Betriebs- oder Ortswechsel). Hat der Arbeitnehmer das 55. Lebensjahr vollendet, kann ihm gegen seinen Willen die Weiterbeschäftigung an einem anderen Ort, die einen Wohnsitzwechsel voraussetzt, nicht zugemutet werden.[1]

(7) Ist ein Arbeitnehmer an einen anderen Ort versetzt worden und dorthin umgezogen, ist für die Dauer von 18 Monaten ab vollzogener Versetzung,

---

[1] Protokollnotiz vom 1.7.2012:
„Die Tarifvertragsparteien sind sich darin einig, dass die Schutzregelung des § 5 Abs. 6 RSchA für Angestellte, die das 55. Lebensjahr vollendet haben, auch unter Geltung des Allgemeinen Gleichbehandlungsgesetzes wirksam ist. Die Regelung trägt dem besonderen Schutzbedürfnis der Arbeitnehmer in höherem Lebensalter und deren schlechteren Chancen auf dem Arbeitsmarkt Rechnung und ist somit in Anwendung vom § 10 Satz 3 Nr. 1 AGG wirksam. Die Tarifvertragsparteien vereinbaren für den Fall, dass entweder das Bundesarbeitsgericht oder der Europäische Gerichtshof zu dem Ergebnis gelangen, dass diese Rechtsauffassung der Tarifvertragsparteien unzutreffend und in der Folge das Tatbestandsmerkmal ‚55. Lebensjahr‘ nichtig ist (sog. ‚Anpassung nach oben‘), dass die Schutzregelung mit Rechtskraft der gerichtlichen Entscheidung außer Kraft tritt. Die Tarifvertragsparteien verpflichten sich für diesen Fall zeitnah, spätestens innerhalb von 3 Monaten, Verhandlungen über eine Neuregelung aufzunehmen, die dem mit der Schutzregelung verfolgten Zweck in gesetzeskonformer Weise Rechnung trägt."

längstens jedoch von 12 Monaten nach dem Umzug, der Ausspruch einer betriebsbedingten Kündigung durch den Arbeitgeber ausgeschlossen.

(8) Nimmt der Arbeitnehmer den ihm angebotenen geringer bewerteten Arbeitsplatz[1] an, ist seine spätere Bewerbung um einen gleichwertigen Arbeitsplatz im Rahmen der Auswahl unter gleichgeeigneten Bewerbern bevorzugt zu berücksichtigen.

§ 6 Einarbeitung/Umschulung[2]

(1) Wenn sich die Tätigkeit eines Arbeitnehmers an seinem Arbeitsplatz ändert, hat er Anspruch auf die erforderliche Einarbeitung oder Umschulung[3], soweit diese unter Berücksichtigung aller Umstände des Einzelfalles in gerechter Abwägung wirtschaftlicher und sozialer Gesichtspunkte dem Arbeitgeber zugemutet werden kann. Der Arbeitgeber hat darüber sowie über Inhalt und Dauer der Einarbeitung oder Umschulung mit der Arbeitnehmervertretung zu beraten.

(2) Das Gleiche gilt, wenn die Weiterbeschäftigung an dem bisherigen Arbeitsplatz nicht möglich ist und die Arbeitsvertragsparteien sich deshalb über die Versetzung auf einen gem. § 5 angebotenen Arbeitsplatz einigen.

(3) Allgemeine Grundsätze für die Durchführung der Einarbeitung oder Umschulung bedürfen der Zustimmung der Arbeitnehmervertretung; § 98 BetrVG sowie entsprechende Vorschriften der Personalvertretungsgesetze bleiben unberührt.

(4) Die Kosten von Einarbeitungs- und Umschulungsmaßnahmen trägt der Arbeitgeber. Für die Dauer der Einarbeitung oder Umschulung erhält der Arbeitnehmer seine regelmäßigen Bezüge weitergezahlt. Einarbeitungen und Umschulungen erfolgen während der regelmäßigen Arbeitszeit, sofern nicht gewichtige Gründe entgegenstehen. Müssen Einarbeitungs- oder Umschulungsmaßnahmen außerhalb der regelmäßigen Arbeitszeit

---

1 Siehe Fußnote 2 zu § 5 RSchA.

2 Der Wegfall der im bisherigen Rationalisierungsschutzabkommen enthaltenen Maximierung der Umschulung auf 9 Monate soll die Vorstellung vermeiden, 9 Monate seien die Regeldauer für Umschulungsmaßnahmen oder deren absolute Obergrenze (Protokollnotiz zur Tarifvereinbarung vom 16.4.1983).

3 Eine Einarbeitung oder Umschulung i.S.v. Abs. 1 erfolgt nicht, wenn aufgrund der beruflichen Erfahrung und Vorbildung des Arbeitnehmers für seine neue Tätigkeit lediglich eine Einweisung notwendig ist (Protokollnotiz zur Tarifvereinbarung vom 16.4.1983).

stattfinden, ist ein Freizeitausgleich zu gewähren, soweit die regelmäßige Arbeitszeit überschritten wird.

(5) Hat der Arbeitnehmer die Einarbeitung oder Umschulung aufgenommen, kann sie vor dem vorgesehenen Endzeitpunkt nur mit seinem Einverständnis oder aus wichtigem Grund abgebrochen werden. Wird die Maßnahme vorzeitig abgebrochen oder steht nach ihrer Beendigung fest, dass sie nicht zu dem beabsichtigten Ergebnis geführt hat, ist erneut nach § 5 zu verfahren, es sei denn, der Arbeitnehmer hat den Abbruch verschuldet. Muss das Arbeitsverhältnis wegen Nichterreichens des Zieles aufgelöst werden, finden die §§ 9 ff. Anwendung.

§ 7 Überbrückungszahlungen/Gehaltssicherung

(1) Soll ein Arbeitnehmer abgruppiert werden, ist dafür eine Änderungskündigung oder – nach Unterrichtung der Arbeitnehmervertretung – Einvernehmen erforderlich. In diesen Fällen erhält er nach Ablauf der Kündigungsfrist die seiner neuen Tätigkeit entsprechenden Bezüge. Zur Wahrung des Besitzstandes erhält der Arbeitnehmer als Zulage den Differenzbetrag zu seinen bisherigen Monatsbezügen. Bei der Berechnung des Differenzbetrages bleiben Zulagen und Zuschläge, die eine besondere Belastung abgelten oder vom Familienstand abhängen, unberücksichtigt. Künftige Erhöhungen der Bezüge des Arbeitnehmers für die neue Tätigkeit werden mit Ausnahme berufsjahrbedingter Steigerungen auf diesen Differenzbetrag angerechnet.

(2) Für Arbeitnehmer, die das 50. Lebensjahr vollendet haben und mindestens 10 Jahre ununterbrochen dem Unternehmen angehören, hat der Arbeitgeber im Einvernehmen mit der Arbeitnehmervertretung nach billi-

gem Ermessen eine Gehaltssicherung zu treffen; eine niedrigere tarifliche Eingruppierung ist nicht zulässig.[1]

§ 8 Wohnsitzwechsel

(1) Bei einem durch die Versetzung an einen anderen Ort veranlassten Wohnsitzwechsel trägt der Arbeitgeber gegen Nachweis

a) die erforderlichen Speditionskosten aus dem Umzug des Arbeitnehmers und

b) die weiteren sich aus dem Umzug ergebenden angemessenen Kosten im Rahmen der steuerlichen Vorschriften, jedoch nicht mehr als das höchste Tarifgehalt.

(2) Weitere durch die Versetzung an einen anderen Ort bedingte notwendige Aufwendungen des Arbeitnehmers (z.B. für getrennte Haushaltsführung und Wohnungsbeschaffung) werden nach den im Unternehmen bestehenden Regelungen ersetzt. Fehlen unternehmensinterne Regelungen, werden dem Arbeitnehmer die notwendigen Aufwendungen gemäß vorheriger schriftlicher Vereinbarung ersetzt.

§ 9 Vermittlung im Konzern

Ist die Weiterbeschäftigung eines Arbeitnehmers im Unternehmen nicht möglich, wird der Arbeitgeber bemüht sein, dem Arbeitnehmer einen Arbeitsplatz in einem anderen Unternehmen des Konzerns (§ 18 AktG) oder einer wirtschaftlich vergleichbaren Unternehmensgruppe zu vermitteln.

---

1   Protokollnotiz vom 1.7.2012:
„Die Tarifvertragsparteien sind sich darin einig, dass die Schutzregelung des § 7 Abs. 2 RSchA für Angestellte, die das 50. Lebensjahr vollendet haben, auch unter Geltung des Allgemeinen Gleichbehandlungsgesetzes wirksam ist. Die Regelung trägt dem besonderen Schutzbedürfnis der Arbeitnehmer in höherem Lebensalter Rechnung und ist somit in Anwendung vom § 10 Satz 3 Nr. 1 AGG wirksam.
Die Tarifvertragsparteien vereinbaren für den Fall, dass entweder das Bundesarbeitsgericht oder der Europäische Gerichtshof zu dem Ergebnis gelangen, dass diese Rechtsauffassung der Tarifvertragsparteien unzutreffend und in der Folge das Tatbestandsmerkmal ‚50. Lebensjahr‘ nichtig ist (sog. ‚Anpassung nach oben‘), dass die Schutzregelung mit Rechtskraft der gerichtlichen Entscheidung außer Kraft tritt. Die Tarifvertragsparteien verpflichten sich für diesen Fall zeitnah, spätestens innerhalb von 3 Monaten, Verhandlungen über eine Neuregelung aufzunehmen, die dem mit der Schutzregelung verfolgten Zweck in gesetzeskonformer Weise Rechnung trägt."

§ 10   Vorzeitige Pensionierung

(1) Kann ein Arbeitnehmer, dessen Arbeitsplatz weggefallen ist oder sich geändert hat, nicht gem. §§ 5 oder 9 weiterbeschäftigt werden, hat der Arbeitgeber spätestens im Rahmen der Anhörung zur beabsichtigten Auflösung des Arbeitsverhältnisses mit der Arbeitnehmervertretung zu beraten, ob die Kündigung unter Berücksichtigung aller Umstände des Einzelfalles und der sich aus betrieblichen Versorgungsregelungen und sozialversicherungsrechtlichen Vorschriften ergebenden Möglichkeiten durch die einvernehmliche Beendigung eines Arbeitsverhältnisses (z.B. vorzeitige Pensionierung) vermieden werden kann.

(2) Freiwillige Vereinbarungen über die vorzeitige Pensionierung sollen Regelungen über die Interessenwahrung des Arbeitnehmers bezüglich seiner Altersversorgung und über die finanzielle Überbrückung des Zeitraumes bis zum Einsetzen einer Sozialversicherungsrente enthalten.

§ 11   Kündigung

(1) Ist eine Kündigung durch den Arbeitgeber unvermeidbar, gilt § 15 MTV. Eine Kündigung, die unter Nichtbeachtung einer Bestimmung dieses Abkommens ausgesprochen wird, ist sozial ungerechtfertigt, es sei denn, die Kündigung beruht nicht darauf.

§ 12   Abfindung

(1) Endet das Arbeitsverhältnis, hat der Arbeitnehmer, wenn er länger als 5 Jahre dem Unternehmen angehört, Anspruch auf eine Abfindung. Diese beträgt mindestens – unbeschadet einer Regelung gem. § 111 ff. BetrVG und der entsprechenden Vorschriften der Personalvertretungsgesetze – nach 5 Jahren Unternehmenszugehörigkeit 1 Monatsbezug, nach 10 Jahren Unternehmenszugehörigkeit 2 Monatsbezüge und nach 15 Jahren Unternehmenszugehörigkeit 3 Monatsbezüge. Im Übrigen gilt nachstehende Tabelle:

| Unternehmens- | Lebensalter | | | | | | |
zugehörigkeit	40	43	46	49	52	55	58
	Monatsbezüge						
10 Jahre	4	5	6	7	8	9	10
13 Jahre	5	6	7	8	9	10	11
16 Jahre	6	7	8	9	10	11	12
19 Jahre	7	8	9	10	11	12	13
22 Jahre	8	9	10	11	12	13	14
25 Jahre	9	10	11	12	13	14	15
28 Jahre	-	11	12	13	14	15	16

(2) Monatsbezug im Sinne der vorstehenden Bestimmungen ist das zuletzt vom Arbeitnehmer bezogene volle Monatsgehalt einschließlich aller Zulagen.

(3) Für die Anzahl der Monatsbezüge sind das Lebensjahr und das Dienstjahr maßgebend, die der Arbeitnehmer im Laufe des Jahres vollendet, in dem sein Arbeitsverhältnis endet.

(4) Die Abfindung ist bei Beendigung des Arbeitsverhältnisses fällig.

§ 13 Arbeitgeberdarlehen

Im Falle der Auflösung des Arbeitsverhältnisses ist bei Vorliegen sozialer Härten nach billigem Ermessen eine Fortführung bestehender Arbeitgeberdarlehen zu Angestelltenkonditionen bis maximal 3 Jahre zu prüfen.

§ 14 Persönliche Anspruchsvoraussetzungen

(1) Ansprüche aus dieser Vereinbarung bestehen nicht, wenn der Arbeitnehmer im Zeitpunkt der Beendigung des Arbeitsverhältnisses Anspruch auf ungekürzte Regelaltersrente nach den Bestimmungen der gesetzlichen Rentenversicherung hat oder haben würde, wenn er in der gesetzlichen Rentenversicherung versichert wäre oder die Möglichkeit des Bezuges von vorgezogenem Altersruhegeld, Leistungen aus einer Befreiungsversicherung gem. § 3 Ziff. 4 MTV oder entsprechender öffentlich-rechtlicher Versorgungsbezüge besteht.

Führt die vorstehende Regelung bei vorgezogenem Altersruhegeld zu einer wirtschaftlichen Härte, ist dafür ein angemessener Ausgleich anzustreben.

(2) Hat der Arbeitnehmer im Zeitpunkt der Beendigung des Arbeitsverhältnisses Anspruch auf Dauerrente wegen voller Erwerbsminderung, entfällt ein Abfindungsanspruch nach § 12; ein Anspruch auf Rente wegen voller oder teilweiser Erwerbsminderung auf Zeit (bei Berufsunfähigkeit) wird in seiner für die Bezugsdauer insgesamt festgestellten Höhe auf den Abfindungsanspruch gem. § 12 zu zwei Drittel angerechnet. Eine Anrechnung findet nicht statt, wenn der teilweise erwerbsgeminderte Angestellte im Zeitpunkt der Beendigung des Arbeitsverhältnisses beim Arbeitgeber tätig ist.

(3) Besteht ein Anspruch auf Abfindung und ist absehbar, dass das für den Bezug der individuellen Regelaltersrente maßgebende Lebensalter oder eine der Möglichkeiten nach Abs. 1 oder 2 innerhalb eines Zeitraumes eintritt, der kleiner ist als die der Abfindung zugrunde liegende Zahl der Monatsbezüge, verringert sich die Abfindung entsprechend.

(4) Arbeitnehmer, die die Umschulung für eine geänderte Tätigkeit oder das Angebot eines gleichwertigen Arbeitsplatzes im Sinne des § 5 ablehnen, eine Umschulung ohne wichtigen Grund vorzeitig abbrechen oder den Abbruch schuldhaft verursachen, erwerben ebenfalls keine Ansprüche aus dieser Vereinbarung. Als gleichwertig gilt ein Arbeitsplatz auch dann, wenn der Arbeitnehmer einen Anspruch auf Gehaltssicherung gem. § 7 Abs. 2 hat.

(5) Arbeitnehmer, die unter voller Anrechnung der Unternehmenszugehörigkeitsjahre und unter entsprechender Wahrung der darauf beruhenden Rechte im bisherigen Unternehmen einen neuen Arbeitsplatz in einem anderen Unternehmen des Konzerns erhalten (§ 9), haben ebenfalls keinen Anspruch auf Abfindung.

(6) Soweit im Rationalisierungsschutzabkommen von Unternehmenszugehörigkeit, Beschäftigungszeit, Beschäftigungsjahren o. Ä. die Rede ist, bezieht sich das im Gebiet der ehemaligen DDR und des ehemaligen Ostberlin für die Zeit vor dem 1.1.1991 nur auf Zeiträume, in denen zwischen dem Arbeitnehmer und dem Unternehmen ein Arbeitsverhältnis bestand

und eine Tätigkeit ausgeübt wurde, wie sie dem normalen Geschäftsbetrieb eines westdeutschen Versicherungsunternehmens entspricht.

§ 15 Subsidiaritätsklausel

(1) Ansprüche auf Leistungen gem. §§ 6, 7 und 12 bestehen nur, soweit nicht auf anderer Rechtsgrundlage Leistungen zu den gleichen Zwecken gewährt werden. Dazu gehören auch gesetzliche oder durch Vergleich vereinbarte Abfindungsansprüche gegen den Arbeitgeber (z.B. §§ 9, 10 Kündigungsschutzgesetz, § 112 BetrVG) sowie zusätzliche Leistungen bei freiwilliger vorzeitiger Pensionierung (§ 10), insbesondere auch in Verbindung mit einer betrieblichen Altersversorgung.

(2) Der Arbeitnehmer ist verpflichtet, die ihm nach gesetzlichen Regelungen (z.B. SGB III) zustehenden Leistungen zu beantragen; der Arbeitgeber hat ihn über diese zu informieren. Wird die Antragstellung schuldhaft unterlassen, hat der Arbeitgeber in Höhe des nach der gesetzlichen Regelung dem Arbeitnehmer zustehenden Betrages ein Leistungsverweigerungsrecht.

(3) Abs. 1 und 2 gelten nicht für Arbeitslosengeld I und II, soweit keine Erstattungspflicht des Arbeitgebers besteht.

§ 16 Öffnungsklausel

Günstigere gesetzliche, tarifliche, betriebliche oder einzelvertragliche Bestimmungen bleiben von diesem Abkommen unberührt. Der Abschluss abweichender Betriebs- oder Dienstvereinbarungen ist zulässig. Satz 1 gilt nicht für Regelungen im Gebiet der ehemaligen DDR und des ehemaligen Ostberlin aus der Zeit vor dem 1.1.1991.

§ 17   Inkrafttreten/Laufzeit

Dieses Abkommen tritt mit Wirkung vom 1.5.1983 an die Stelle des Rationalisierungsschutzabkommens für das private Versicherungsgewerbe vom 9.4.1970. Es kann mit dreimonatiger Frist zum Ende eines Kalenderjahres schriftlich gekündigt werden, frühestens jedoch zum 31.12.2013.

Düsseldorf, den 22.7.2011

Unterschriften

Das RSchA wurde vom Arbeitgeberverband mit der Dienstleistungsgewerkschaft ver.di, der DHV und dem DBV abgeschlossen.

Tarifvereinbarung über vermögenswirksame Leistungen für das private Versicherungsgewerbe (TV VwL)

(in der ab 1.1.2004 geltenden Fassung)

§ 1   Geltungsbereich

Diese Vereinbarung gilt für die unter den Geltungsbereich des Manteltarifvertrages für das private Versicherungsgewerbe fallenden Arbeitnehmer.

§ 2   Leistungen

Die Arbeitnehmer haben für jeden Kalendermonat Anspruch auf vermögenswirksame Leistungen nach § 2 des Fünften Vermögensbildungsgesetzes in Höhe von 40 €.

Teilzeitbeschäftigte erhalten anteilige vermögenswirksame Leistungen entsprechend § 3 Ziff. 2 Satz 2 MTV.

§ 3   Voraussetzungen

Die vermögenswirksame Leistung wird für jeden Monat gezahlt, in dem dem Arbeitnehmer für wenigstens 15 Tage Monatsbezüge gem. §§ 3 Ziff. 2, 19 Ziff. 1 MTV oder Leistungen gem. §§ 10, 21 MTV zustehen. Der Anspruch ist in der Höhe ausgeschlossen, in der der Arbeitnehmer für denselben Zeitraum schon von einem anderen Arbeitgeber vermögenswirksame Leistungen erhalten hat oder noch erhält.

Die Leistungen werden jeweils am Monatsende fällig.

Der Arbeitgeber kann auf die nach diesem Tarifvertrag vereinbarten Leistungen diejenigen vermögenswirksamen Leistungen im Sinne des Fünften Vermögensbildungsgesetzes anrechnen, die er in dem Kalenderjahr bereits aufgrund eines Einzelvertrages oder einer Betriebsvereinbarung erbringt. Sollte der Arbeitgeber durch Gesetz zur Gewährung vermögenswirksamer Leistungen verpflichtet werden, sind die tariflichen auf die gesetzlichen Leistungen anzurechnen.

Soweit Ansprüche des Arbeitnehmers von der Höhe des Arbeitsentgelts abhängen, wird die vermögenswirksame Leistung nicht mitgerechnet.

§ 4 Pflichten des Arbeitnehmers

Der Arbeitnehmer hat dem Arbeitgeber spätestens einen Monat vor dem ersten Fälligkeitstermin schriftlich die gewählte Anlageart nach § 2 Abs. 1 des Fünften Vermögensbildungsgesetzes sowie das Anlageinstitut mit Kontonummer bekannt zu geben und die erforderlichen Unterlagen und Nachweise einzureichen.

Kommt der Arbeitnehmer der Verpflichtung nach Abs. 1 nicht rechtzeitig nach, so erlischt der Anspruch auf die vermögenswirksame Leistung für den jeweiligen Fälligkeitszeitraum.

Ein Wahlrecht zwischen einer vermögenswirksamen Anlage und einer Barauszahlung ist ausgeschlossen; der Anspruch des Arbeitnehmers gegen den Arbeitgeber auf die in diesem Tarifvertrag vereinbarte vermögenswirksame Leistung erlischt nicht, wenn der Arbeitnehmer statt der vermögenswirksamen Leistung eine andere Leistung, insbesondere eine Barleistung, annimmt. Der Arbeitnehmer ist nicht verpflichtet, die andere Leistung an den Arbeitgeber herauszugeben. Wird der Anspruch auf vermögenswirksame Leistung durch Entgeltumwandlung in betriebliche Altersversorgung erfüllt, so erlischt hiermit der Anspruch nach diesem Tarifvertrag.

§ 5 Information der Arbeitnehmer

Die Tarifvertragsparteien sind sich darüber einig, dass ihre Mitglieder nach Abschluss dieser Tarifvereinbarung über die Möglichkeiten der Anlage vermögenswirksamer Leistungen und die Wahlfreiheit der Anlageart umfassend unterrichtet werden sollen. Sie verpflichten sich, ihre Mitglieder auf Anlagemöglichkeit in Form der Lebensversicherung hinzuweisen.

§ 6   Abweichende Vereinbarungen

Abweichende Betriebsvereinbarungen sind zulässig. Die in § 2 festgesetzte Höhe der Leistungen darf darin jedoch nicht unterschritten werden.

§ 7   Laufdauer

Diese Tarifvereinbarung tritt am 1.9.1971 in Kraft. Sie kann zusammen mit dem Gehaltstarifvertrag für das private Versicherungsgewerbe, jedoch nicht vor dem 31.12.1972, gekündigt werden.

Die Tarifpartner verpflichten sich, soweit es durch eine Änderung des Fünften Vermögensbildungsgesetzes aus rechtlichen Gründen erforderlich sein sollte, die Tarifvereinbarung der gesetzlichen Regelung anzupassen. Die Höhe der vom Arbeitgeber nach Maßgabe der §§ 1 und 2 zu erbringenden Leistungen wird dadurch nicht berührt.

München, den 25.5.1971

Unterschriften

Der TV VwL wurde vom Arbeitgeberverband mit der Dienstleistungsgewerkschaft ver.di, der DHV und dem DBV abgeschlossen.

Tarifvertrag zur Qualifizierung (TVQ)

(in der ab 1.1.2018 geltenden Fassung)

Zwischen den unterzeichnenden Tarifvertragsparteien wird für die Angestellten, die unter den Geltungsbereich von Teil II des Manteltarifvertrages für das private Versicherungsgewerbe fallen, folgende Vereinbarung (Tarifvertrag zur Qualifizierung) getroffen:

§ 1 Berufliche Weiterbildung

Der Begriff Qualifizierung im Sinne dieses Tarifvertrages umfasst ausschließlich die berufliche Weiterbildung. Berufliche Weiterbildungsmaßnahmen im Sinne dieses Tarifvertrages sind solche, die dazu dienen,

- die ständige Fortentwicklung der fachlichen, methodischen und sozialen Kompetenz des/der Angestellten im Rahmen des jeweiligen Aufgabengebietes nachvollziehen zu können,
- veränderte Anforderungen im jeweiligen Aufgabengebiet erfüllen zu können,
- eine andere gleichwertige oder höherwertige Arbeitsaufgabe für zu besetzende Arbeitsplätze übernehmen zu können.

Keine Qualifizierung im Sinne dieses Tarifvertrages sind persönliche Weiterbildungen.

§ 2 Bedarfsermittlung und Festlegung von individuellen Qualifizierungsmaßnahmen

Die Angestellten haben Anspruch auf ein regelmäßiges Gespräch mit dem Arbeitgeber, in dem gemeinsam festgestellt wird, ob und welcher individuelle Qualifizierungsbedarf besteht. Bei Angestellten, deren Arbeitsplatz durch Digitalisierungs-/Automatisierungsprojekte des Unternehmens potentiell gefährdet ist, wird ein Qualifizierungsbedarf vorausgesetzt. Soweit gemeinsam ein individueller Qualifizierungsbedarf festgestellt wird und dieser durch eine berufliche Weiterbildungsmaßnahme gedeckt werden kann sowie eine Weiterbeschäftigung im Unternehmen möglich ist, vereinbaren die Parteien die Durchführung von Qualifizierungsmaßnahmen zum Zwecke der Abdeckung des bestehenden Qualifizierungsbedarfs. Der Arbeitgeber nimmt hierbei Vorschläge des/der Angestellten entgegen und bezieht diese bei der Festlegung notwendiger Qualifizierungsmaßnahmen mit ein. Soweit nichts anderes geregelt ist, ist das Gespräch einmal pro Kalenderjahr zu führen. Das Ergebnis der Bedarfsanalyse ist in geeigneter Weise zu dokumentieren. Der/die Angestellte erhält auf Wunsch entweder eine Abschrift oder Zugriff auf die Dokumentation.[1]

Im Anschluss an durchgeführte Qualifizierungsmaßnahmen prüfen Arbeitgeber und Angestellte/r gemeinsam, ob der zuvor festgestellte Qualifizierungsbedarf durch die Maßnahme gedeckt wurde. Ist dies nicht der Fall, prüfen die Parteien, ob und wie der weiterhin bestehende Qualifizierungsbedarf gedeckt werden kann. Der/die Angestellte kann ein Mitglied des Betriebsrates hinzuziehen.

Der Anspruch auf Durchführung des Qualifizierungsgesprächs gilt auch für Angestellte in Elternzeit und anderen ruhenden Arbeitsverhältnissen. Dies gilt nicht bei Altersteilzeit in der Passivphase. Auf Wunsch informiert der Arbeitgeber Angestellte in Elternzeit über bestehende Weiterbildungsangebote.

Teilzeitbeschäftigte sollen in Fragen der beruflichen Entwicklung sowie im Bereich der Weiterbildung wie Vollzeitkräfte entsprechend den betrieblichen und persönlichen Möglichkeiten sowie den Anforderungen des Arbeitsplatzes gefördert werden.

§ 3 Bildungsteilzeit

Der/die Angestellte kann zum Zwecke der Teilnahme an einer Qualifizierungsmaßnahme für die Dauer von mindestens einem Monat und höchstens 6 aufeinanderfolgenden Monaten oder aufgrund individueller Vereinbarung auch länger eine Verringerung der Arbeitszeit und ihre Verteilung beantragen. Der Antrag muss schriftlich mit einer Frist von 3 Monaten vor Beginn der Arbeitszeitreduzierung gestellt werden. Die Teilnahme an einer Qualifizierungsmaßnahme (Art, Dauer, Zeitplan) muss mit der Antragstellung schriftlich nachgewiesen werden. Die wöchentliche Arbeitszeit während der Qualifizierungsmaßnahme muss mindestens 15 Stunden

---

1 Protokollnotiz vom 30.8.2017:
„Die Regelungen des Kündigungsschutzgesetzes bleiben durch § 2 Abs. 1 TVQ unberührt."

und darf höchstens 30 Stunden betragen. Der/die Angestellte ist an den Antrag und den Vollzug der Bildungsteilzeit auch dann gebunden, wenn die Qualifizierungsmaßnahme nicht angetreten oder abgebrochen wird. Vorstehendes gilt nicht, wenn die Qualifizierungsmaßnahme aus Gründen, die der/die Angestellte nicht zu vertreten hat, nicht angetreten oder abgebrochen wird. In diesem Falle gilt nach Ablauf von 6 Wochen nach Nichtantritt oder Abbruch der Maßnahme die vertraglich vereinbarte Arbeitszeit.

Für das Verfahren gelten § 15 Abs. 5 S. 1 bis 2 und Abs. 7 S. 1 Nr. 1 bis 4 Bundeselterngeld- und Elternzeitgesetz (BEEG) entsprechend. Falls der Arbeitgeber die beanspruchte Verringerung oder Verteilung der Arbeitszeit ablehnen will, muss er dies innerhalb von 8 Wochen schriftlich begründen.

Für die Dauer der Bildungsteilzeit werden die Bezüge der verringerten Arbeitszeit entsprechend angepasst.

Der Antrag auf Bildungsteilzeit kann nicht vor Ablauf eines Jahres seit der letzten Antragstellung, welcher der Arbeitgeber zugestimmt oder sie berechtigt abgelehnt hat, erneut gestellt werden.

§ 4 Einbeziehung des Betriebsrates

Plant der Arbeitgeber Maßnahmen oder führt er solche durch, die dazu führen, dass sich die Tätigkeit der betroffenen Angestellten ändert und ihre beruflichen Kenntnisse und Fähigkeiten zur Erfüllung ihrer Aufgaben nicht mehr ausreichen, so hat der Betriebsrat bei der Einführung von Maßnahmen der betrieblichen Berufsbildung mitzubestimmen.

Die Rechte des Betriebsrates gem. § 96 ff. BetrVG bleiben unberührt.

§ 5 Abweichende Regelungen

Durch freiwillige Betriebsvereinbarung können von diesem Tarifvertrag abweichende Regelungen getroffen werden.

§ 6   Schlussbestimmungen

Dieser Tarifvertrag tritt am 1.1.2018 in Kraft. Er endet mit Ablauf des 31.12.2022, ohne dass es einer Kündigung bedarf. Zuvor ist eine Kündigung mit einer Frist von 3 Monaten zum Ende eines Kalenderjahres, erstmals zum 31.12.2019 möglich. Die Kündigung bedarf der Schriftform.

München, den 30.8.2017

Unterschriften

Diese Vereinbarung wurde vom Arbeitgeberverband mit den Gewerkschaften ver.di, DHV und DBV abgeschlossen.

Altersteilzeitabkommen für das private Versicherungsgewerbe (ATzA)

(in der ab 30.11.2019 geltenden Fassung)[1]

Zwischen den unterzeichnenden Tarifvertragsparteien wird für die Angestellten, die unter den Geltungsbereich von Teil II des Manteltarifvertrages für das private Versicherungsgewerbe (MTV) fallen, mit Wirkung ab 1.1.2006 folgendes Abkommen vereinbart:

§ 1   Altersteilzeitvereinbarung

(1) Der Arbeitgeber kann mit der/dem Angestellten einen Altersteilzeitvertrag auf Basis des Altersteilzeitgesetzes abschließen. Im Hinblick auf die Verteilung der während des Altersteilzeitarbeitsverhältnisses insgesamt geschuldeten Arbeitszeit ist eine Blockbildung gemäß § 2 Abs. 2 Satz 1 Nr. 1 ATG in den gesetzlich vorgesehenen Höchstgrenzen zulässig. Im Falle der Vereinbarung einer Altersteilzeit endet das Arbeitsverhältnis mit dem Ende der Altersteilzeit. Es endet ohne Kündigung mit Beginn des Kalendermonats, für den die/der Angestellte eine ungeminderte Altersrente der GRV oder eine mit ihr vergleichbare Leistung (Leistung einer Versicherungs- oder Versorgungseinrichtung oder eines Versicherungsunternehmens, wenn die/der Angestellte von der Versicherungspflicht befreit ist, sowie Knappschaftsausgleichsleistungen und ähnliche Leistungen öffentlich-rechtlicher Art) beanspruchen kann oder Rente wegen voller Erwerbsminderung erhält, spätestens jedoch mit Ablauf des Kalendermonats, in dem der/die Angestellte die Altersgrenze für eine Regelaltersrente nach den Bestimmungen der gesetzlichen Rentenversicherung erreicht hat.

(2) Ein Rechtsanspruch auf Altersteilzeit (auch unter dem Gesichtspunkt der Gleichbehandlung) ist ausgeschlossen.

---

1   Das Altersteilzeitabkommen für das private Versicherungsgewerbe in der bis zum 31.12.2005 geltenden Fassung ist im Anschluss an die vorliegende Fassung abgedruckt.

§ 2 Bedingungen der Altersteilzeit

(1) Wird zwischen Arbeitgeber und Angestellten eine Altersteilzeit-vereinbarung gem. § 1 geschlossen, so erhält die/der Angestellte für die Dauer des Altersteilzeitarbeitsverhältnisses die Hälfte ihres/ seines bisherigen Bruttoarbeitsentgelts, das sie/er für eine Arbeitsleistung bei bisheriger wöchentlicher Arbeitszeit i.S.d. § 6 Abs. 2 ATG zu beanspruchen hätte (einschließlich aller Zulagen, jedoch ohne Mehrarbeitsvergütung) und die Hälfte der tariflichen Sonderzahlungen nach § 3 Ziff. 3 und § 13 Ziff. 9 MTV für die Altersteilzeit. Der Arbeitgeber kann diese tariflichen Sonderzahlungen in regelmäßiges monatliches Entgelt umwandeln. Macht der Arbeitgeber von diesem Recht Gebrauch, so ist die jeweilige Sonderzahlung ratierlich als monatlich gleichbleibender Betrag auszuzahlen. Es ist sicherzustellen, dass die/der Angestellte in der Bruttolohnsumme der ratierlich ausgezahlten tariflichen Sonderzahlungen einen Betrag erhält, der der Hälfte der tariflichen Sonderzahlungen gemäß § 3 Ziff. 3 und § 13 Ziff. 9 MTV entspricht.

(2) Zusätzlich zu der Vergütung gemäß Abs. 1 erhält die/der Angestellte für den durch den Übergang auf die Altersteilzeitbeschäftigung ausfallenden Teil ihrer/seiner bisherigen regelmäßigen Arbeitszeit eine Aufstockungszahlung in Höhe von 30 % des Arbeitsentgelts für die Altersteilzeitarbeit nach Abs. 1.

(3) Die Vergütung der während der Arbeitsphase im Rahmen des § 3 Abs. 4 geleisteten Mehrarbeit richtet sich nach § 11 Ziff. 2 MTV. Auf einen etwa drohenden Anspruchsverlust nach § 3 Abs. 3 hat der Arbeitgeber die/den Angestellte(n) hinzuweisen.

(4) Das Arbeitsentgelt für die Altersteilzeitarbeit nach Abs. 1 und die Aufstockungszahlung nach Abs. 2 werden jeweils entsprechend der linearen Tarifgehaltssteigerung erhöht; eventuelle Einmalzahlungen werden anteilig gemäß Abs. 1 und 2 gezahlt.

(5) Zusätzlich zu den gesetzlichen Arbeitgeberbeiträgen zur Sozialversicherung für das Arbeitsentgelt nach Abs. 1 entrichtet der Arbeitgeber für die/den Angestellte(n) gemäß § 3 Abs. 1 Ziff. 1b ATG Beiträge zur gesetzlichen Rentenversicherung. Die zusätzlichen Beiträge zur gesetzlichen Rentenversicherung sind jeweils mindestens in Höhe des Beitrages zu entrichten, der auf 80 % des Regelarbeitsentgelts für die Altersteilzeitar-

beit, begrenzt auf den Unterschiedsbetrag zwischen 90 % der monatlichen Beitragsbemessungsgrenze und dem Regelarbeitsentgelt, entfällt, höchstens bis zur Beitragsbemessungsgrenze.

(6) Endet das Altersteilzeitarbeitsverhältnis vorzeitig, hat die/der Angestellte Anspruch auf eine etwaige Differenz zwischen der erzielten Vergütung nebst der Aufstockungszahlung und dem Entgelt für den Zeitraum ihrer/seiner tatsächlichen Beschäftigung während der Arbeitsphase, das sie/er ohne Eintritt in die Altersteilzeit bei bisheriger wöchentlicher Arbeitszeit i.S.d. § 6 Abs. 2 ATG erzielt hätte. Zuschläge und Zulagen i.S.v. § 11 Ziff. 2 bis 5 MTV bleiben unberücksichtigt. Die Differenz des Satzes 1 wird so ermittelt, dass demjenigen Nettoentgelt, das die/der Angestellte während der gesamten Altersteilzeit erhalten hat, das Nettoentgelt gegenübergestellt wird, das sie/er erhalten hätte, wenn während der Beschäftigung in der Arbeitsphase das Arbeitsentgelt für die erbrachte Arbeitsleistung vollständig gezahlt worden wäre. Bei Tod der/des Angestellten steht der Anspruch den Erben zu. Die Hinterbliebenen einer/eines Angestellten erhalten darüber hinaus die Vergütung nach Abs. 1 gemäß § 10 Ziff. 4 Satz 1 MTV.

(7) Im Falle krankheitsbedingter Arbeitsunfähigkeit leistet der Arbeitgeber Entgeltfortzahlung nach den für das Arbeitsverhältnis jeweils geltenden Bestimmungen.

(8) Nach Ablauf der Entgeltfortzahlung erhalten die in der gesetzlichen Krankenversicherung versicherten Angestellten neben dem Krankengeld die Aufstockungszahlung nach Abs. 2. Die privat krankenversicherten Angestellten erhalten diese Aufstockungszahlung während des Zeitraumes, für den ihnen bei Krankenversicherungspflicht Krankengeld zustehen würde. In den zeitlichen Grenzen von § 10 Ziff. 2 Abs. 3 MTV erhalten die Angestellten jedoch mindestens 90 % ihrer Gesamtnettobezüge (berechnet nach der Vergütung gemäß Abs. 1 und Abs. 2) jeweils unter Anrechnung des Krankengeldes, das sie bekommen oder bei Krankenversicherungspflicht bekommen würden (Sonderregelung zu § 10 Ziff. 2 MTV).

(9) Angestellte, die dem Unternehmen mindestens 10 Jahre angehören und die vor dem 1.1.2023 das 57. Lebensjahr vollenden und mit dem Arbeitgeber eine bis zu sechsjährige Altersteilzeit vereinbaren, die mit dem 63. Lebensjahr endet und bei denen sich in Folge des vorzeitigen Rentenbezugs mit Vollendung des 63. Lebensjahres nachweislich ein Renten-

abschlag in der gesetzlichen Rentenversicherung ergibt, sind wirtschaftlich so zu stellen, als ob dieser Rentenabschlag nur die Hälfte betragen würde. Dabei darf der Aufwand des Arbeitgebers 3,6 % der individuellen Sozialversicherungsrente nicht übersteigen.[1] Über die Art und Weise dieses wirtschaftlichen Ausgleichs (z.B. durch Erhöhung einer bestehenden betrieblichen Altersversorgung) entscheidet das jeweilige Versicherungsunternehmen.

(10) Wird die Altersteilzeit im Blockmodell durchgeführt, verkürzt sich der Urlaubsanspruch für die Zeit der Freistellung auf null. Im Kalenderjahr des Übergangs von der Arbeitsphase zur Freistellung hat der/die Angestellte für jeden angefangenen Monat der Arbeitsphase Anspruch auf ein Zwölftel des Jahresurlaubs.

§ 3 Erlöschen und Ruhen der Ansprüche

(1) Der Anspruch auf Leistungen aus diesem Abkommen erlischt mit dem Zeitpunkt der Beendigung des Altersteilzeitarbeitsverhältnisses.

(2) Der Anspruch auf Leistungen nach § 2 Abs. 2 erlischt im Falle des Todes der/des Angestellten mit Ablauf des Sterbemonats.

(3) Der Anspruch auf Leistungen aus diesem Abkommen ruht während der Zeit, in der die/der Angestellte neben der Altersteilzeitarbeit Beschäftigungen oder selbstständige Tätigkeiten ausübt, die die Geringfügigkeitsgrenze des § 8 des Vierten Buches Sozialgesetzbuch überschreiten, oder aufgrund solcher Beschäftigungen eine Lohnersatzleistung erhält. Der Anspruch auf die Leistungen erlischt, wenn er mindestens 150 Kalendertage ruht. Mehrere Ruhenszeiträume sind zusammenzurechnen. Beschäftigungen oder selbstständige Tätigkeiten bleiben unberücksichtigt, soweit die/der Angestellte sie bereits innerhalb der letzten 5 Jahre vor Beginn der Altersteilzeitarbeit ständig ausgeübt hat.

(4) Der Anspruch auf die Leistungen aus diesem Abkommen ruht ferner während der Zeit, in der die/der Angestellte über die Altersteilzeitarbeit hinaus Mehrarbeit leistet, die den Umfang der Geringfügigkeitsgrenze des

---

1 Protokollnotiz vom 24.11.2007:
„Die Begrenzung des Arbeitgeberaufwandes auf 3,6 % der individuellen Sozialversicherungsrente bleibt ungeachtet der Änderungen des gesetzlichen Renteneintrittsalters durch das RV-Altersgrenzenanpassungsgesetz in dieser Höhe bestehen."

§ 8 des Vierten Buches Sozialgesetzbuch überschreitet. Abs. 3 Satz 2–4 gelten entsprechend.

§ 4 Fälligkeit

Die Leistungen aus diesem Abkommen werden entsprechend der im Unternehmen für die Gehaltszahlung geltenden Regelung gezahlt.

§ 5 Ausschlussfrist

Nach Beginn der Altersteilzeitarbeit sind alle Ansprüche aus diesem Abkommen innerhalb einer Frist von 6 Monaten nach Fälligkeit schriftlich geltend zu machen; andernfalls ist der Anspruch verfallen.

§ 6 Wiederbesetzung von Arbeitsplätzen

Bei Einstellungen, die infolge von Altersteilzeitvereinbarungen möglich werden, sollen Auszubildende des Unternehmens nach erfolgreichem Abschluss bevorzugt berücksichtigt werden.

§ 7 Mitwirkung der Arbeitnehmervertretung

Die Arbeitnehmervertretung (Betriebsrat/Personalrat) ist unverzüglich über die Anträge auf Abschluss von Altersteilzeitvereinbarungen und deren Abschluss zu unterrichten.

§ 8 Besitzstandsregelung

Bei Beginn der Altersteilzeitarbeit laufende Vereinbarungen, die die/der Angestellte mit dem Arbeitgeber zu Sonderkonditionen abgeschlossen hat (z.B. Haustarife, Hypothekendarlehen), werden während der Zeit der Altersteilzeitarbeit weitergeführt.

§ 9 Öffnungsklausel

Der Arbeitgeber kann mit der/dem Angestellten jede andere Form der Altersteilzeit und der Arbeitszeitverteilung (mit oder ohne Blockbildung), die den Bestimmungen des ATG entspricht, einvernehmlich vereinbaren, soweit tarifliche Rechte nicht beeinträchtigt werden. Eine freiwillige Betriebsvereinbarung ist ebenfalls zulässig, soweit sie den Dotierungsrahmen des § 2 Abs. 1 und 2 nicht unterschreitet.

§ 10 Inkrafttreten und Geltungsdauer

Dieses Abkommen tritt am 1.1.2006 in Kraft und endet am 31.12.2022.

Altersteilzeitarbeitsverhältnisse, die spätestens am 1.1.2023 in Kraft getreten sind, werden unbeschadet des Ablaufs dieses Abkommens abgewickelt. Das Gleiche gilt für Altersteilzeitverhältnisse, die erst nach dem 1.1.2023 in Kraft treten, sofern die Altersteilzeitvereinbarung vor dem 1.1.2007 abgeschlossen wurde und der/die Angestellte vor dem 1.1.1955 geboren wurde. Im Übrigen wird die Nachwirkung ausgeschlossen.

Protokollnotiz:

Um dem Altersteilzeitgesetz zu entsprechen, stimmen die Tarifvertragsparteien darin überein, dass Vereinbarungen einer Altersteilzeit mit Blockbildung auch mit leitenden Angestellten, die gemäß § 1 Ziff. 2 Abs. 2 MTV nicht unter den Geltungsbereich des Manteltarifvertrages fallen, abgeschlossen werden können.

Hamburg, den 22.12.2005

Unterschriften

Dieses Abkommen wurde vom Arbeitgeberverband mit den Gewerkschaften ver.di, DHV und DBV abgeschlossen.

Altersteilzeitabkommen für das private Versicherungsgewerbe

(in der bis 31.12.2005 geltenden Fassung)

Zwischen den unterzeichnenden Tarifvertragsparteien wird für die Angestellten, die unter den Geltungsbereich von Teil II des Manteltarifvertrages für das private Versicherungsgewerbe (MTV) fallen, folgendes Abkommen vereinbart:

Präambel

Mit diesem Abkommen wollen die vertragsschließenden Parteien einen Beitrag zur Entspannung der von hoher Arbeitslosigkeit gekennzeichneten Arbeitsmarktlage leisten. Durch ein früheres Ausscheiden älterer Angestellter unter sozial vertretbaren Bedingungen sollen neue Beschäftigungsmöglichkeiten geschaffen, die Berufschancen jüngerer Menschen verbessert und die vorhandenen Arbeitsplätze sicherer gemacht werden.

§ 1 Anspruchsvoraussetzungen

(1) Angestellte haben, wenn sie

– das 55. Lebensjahr vollendet haben, für einen Zeitraum von bis zu 5 Jahren vor dem erstmals möglichen Bezug einer ungeminderten Altersrente der gesetzlichen Rentenversicherung (GRV) oder

– nach dem 31.3.1999 und vor dem 1.1.2006 das 57. Lebensjahr vollenden, für einen Zeitraum von bis zu 6 Jahren vor Vollendung des 63. Lebensjahres (zeitlich begrenzte Ausnahmeregelung)[1]

---

1 Tarifvereinbarung zu § 1 Abs. 1 Satz 1 Alternative 2 ATzA:
„Die Angestellten, die vor dem 1.1.2006 das 57. Lebensjahr vollenden und von der zeitlich begrenzten Ausnahmeregelung gemäß § 1 Abs. 1 Satz 1 Alternative 2 des Altersteilzeitabkommens für das private Versicherungsgewerbe Gebrauch machen und bei denen sich infolge des vorzeitigen Rentenbezugs mit Vollendung des 63. Lebensjahres nachweislich ein Rentenabschlag in der gesetzlichen Rentenversicherung ergibt, sind wirtschaftlich so zu stellen, als ob dieser Rentenabschlag nur die Hälfte betragen würde. Dabei darf der Aufwand des Arbeitgebers 3,6 % der individuellen Sozialversicherungsrente nicht übersteigen.
Über die Art und Weise dieses wirtschaftlichen Ausgleichs (z.B. durch Erhöhung einer bestehenden betrieblichen Altersversorgung) entscheidet das jeweilige Versicherungsunternehmen."

Anspruch auf die Leistungen nach diesem Abkommen, wenn sie dem Unternehmen mindestens 10 Jahre angehören und ihr Arbeitsverhältnis aufgrund einer schriftlichen Vereinbarung mit dem Arbeitgeber in ein Altersteilzeitarbeitsverhältnis umgewandelt worden ist. Den Altersrenten der GRV stehen Leistungen einer Versicherungs- oder Versorgungseinrichtung oder eines Versicherungsunternehmens gleich, wenn die/der Angestellte von der Versicherungspflicht befreit ist, sowie Knappschaftsausgleichsleistungen und ähnliche Leistungen öffentlich-rechtlicher Art.

(2) Weitere Voraussetzung für den Anspruch ist, dass die/der Angestellte innerhalb der letzten 5 Jahre vor Beginn der Altersteilzeit mindestens 1.080 Kalendertage eine versicherungspflichtige Beschäftigung i.S.d. SGB III ausgeübt hat und die/der Angestellte auch nach Halbierung ihrer/seiner bisherigen wöchentlichen Arbeitszeit versicherungspflichtig beschäftigt i.S.d. SGB III bleibt.

(3) Der Anspruch besteht nicht, wenn bei Beginn des Altersteilzeitarbeitsverhältnisses die/der Angestellte Rente wegen voller Erwerbsminderung oder Anpassungsgeld für entlassene Arbeitnehmer des Bergbaus erhält oder der Arbeitgeber berechtigt war, das Arbeitsverhältnis aus wichtigem Grunde zu kündigen.

(4) Der Anspruch entfällt rückwirkend ab Beginn des Zeitraums, für den der/dem Angestellten Rente wegen voller Erwerbsminderung zuerkannt wird. Liegen vor Beginn der Altersteilzeit Umstände vor, die auf eine Erwerbsminderung hindeuten, ist die/der Angestellte verpflichtet, unverzüglich einen Antrag auf Rente wegen Erwerbsminderung zu stellen und damit zusammenhängende Mitwirkungspflichten zu erfüllen.

(5) Solange über einen Antrag der/des Angestellten auf Rente wegen Erwerbsminderung nicht entschieden ist, erhält die/der Angestellte die Vergütung nach § 5 unter dem Vorbehalt späterer Rückzahlung (§ 8 Abs. 1) ab dem Zeitpunkt des Rentenbeginns.

(6) Der Anspruch auf Altersteilzeit ist ausgeschlossen, wenn und solange 5 % der Angestellten des Betriebes[1] von einer Altersteilzeitregelung Gebrauch machen oder diese Grenze durch den Abschluss eines Altersteilzeitvertrages überschritten werden würde. Bei der Ermittlung der

---

[1]   Siehe dazu Protokollnotiz zu § 1 Absatz 6 nach § 16 ATzA (alt).

5 %-Grenze werden die Angestellten, die unter Teil III MTV fallen, nicht einbezogen; im Übrigen gilt § 7 ATG.

§ 2 Vereinbarung einer Altersteilzeit

(1) Das Altersteilzeitarbeitsverhältnis darf die Dauer von 24 Kalendermonaten nicht unter- und von 5 Jahren bzw. im Falle des § 1 Abs. 1 Satz 1 Alternative 2 von 6 Jahren nicht überschreiten; von der 24-monatigen Mindestdauer kann abgesehen werden, wenn der erstmals mögliche Bezug einer ungeminderten Altersrente schon vor Ablauf von 2 Jahren möglich ist. Es endet ohne Kündigung mit Beginn des Kalendermonats, für den die/der Angestellte eine ungeminderte Altersrente der GRV oder eine mit ihr vergleichbare Leistung i.S.v. § 1 Abs. 1 beanspruchen kann oder Rente wegen voller Erwerbsminderung erhält, spätestens jedoch mit Ablauf des Kalendermonats, in dem die/der Angestellte das 65. Lebensjahr – im Falle der Ausnahmeregelung des § 1 Abs. 1 Satz 1 Alternative 2 das 63. Lebensjahr – vollendet. Bei Abschluss des Altersteilzeitarbeitsvertrages ist zwischen Arbeitgeber und der/dem Angestellten eine Vereinbarung über die Beendigung des Arbeitsverhältnisses ohne Kündigung zu einem nach Satz 2 zulässigen Zeitpunkt zu treffen. Im Übrigen bleibt das Recht zur Kündigung nach Maßgabe des Arbeitsvertrages und der einschlägigen tariflichen, gesetzlichen und betrieblichen Regelungen unberührt.

(2) Die während der Gesamtdauer des Altersteilzeitarbeitsverhältnisses geschuldete Arbeitszeit muss durchschnittlich die Hälfte der bisherigen wöchentlichen Arbeitszeit i.S.d. § 6 Abs. 2 ATG betragen und ist so zu verteilen, dass sie in der ersten Hälfte des Altersteilzeitarbeitsverhältnisses geleistet und die/der Angestellte anschließend von der Arbeit freigestellt wird (Blockbildung).

(3) Für die Zeit der Freistellung von der Arbeit besteht kein Urlaubsanspruch. Im Kalenderjahr des Übergangs von der Beschäftigung zur Freistellung hat die/der Angestellte für jeden angefangenen Beschäftigungsmonat Anspruch auf ein Zwölftel des Jahresurlaubs.

§ 3 Verpflichtungen der/des Angestellten

(1) Die/der Angestellte hat so frühzeitig wie möglich, spätestens jedoch 3 Monate vor dem gewünschten Beginn der Altersteilzeit den Abschluss einer Altersteilzeitvereinbarung heim Arbeitgeber schriftlich zu beantragen. Eine Vereinbarung über Altersteilzeit kann nur zum Beginn eines Kalendermonats verlangt werden. Ist in dem Antrag kein bestimmter Zeitpunkt für den Beginn der Altersteilzeit genannt, gilt der Beginn der Altersteilzeit als zum Beginn des 4. Monats nach Zugang des Antrags verlangt.

(2) Die/der Angestellte hat dem Arbeitgeber spätestens 2 Monate vor dem gewünschten Beginn der Altersteilzeit den Zeitpunkt des erstmals möglichen Bezugs einer ungeminderten Altersrente der GRV oder einer der in § 1 Abs. 1 genannten sonstigen Versorgungsleistungen durch Vorlage geeigneter Unterlagen nächzuweisen.

(3) Die/der Angestellte ist verpflichtet, rechtzeitig einen Antrag auf eine ungeminderte Altersrente der GRV oder vergleichbare Leistung oder Rente wegen voller Erwerbsminderung, die zum Erlöschen des Altersteilzeitverhältnisses nach § 2 Abs. 1 führen, zu stellen und den Arbeitgeber hierüber unverzüglich zu unterrichten.

(4) Die/der Angestellte in Altersteilzeitarbeit hat Änderungen der sie/ihn betreffenden Verhältnisse, die den Vergütungsanspruch oder den Anspruch auf Aufstockungszahlung berühren können, dem Arbeitgeber unverzüglich mitzuteilen.

§ 4 Verpflichtungen des Arbeitgebers

(1) Der Arbeitgeber hat fristgemäß gestellten Anträgen gemäß § 3 Abs. 1 bei Vorliegen der Anspruchsvoraussetzungendes § 1 im Rahmen der 5 %-Grenze des § 1 Abs. 6 zu entsprechen. Die Anträge auf Abschluss von Altersteilzeitvereinbarungen werden nach der Reihenfolge des beantragten Beginns der Altersteilzeit, bei gleichzeitigem Beginn nach der Reihenfolge ihres Eingangs beim Arbeitgeber, berücksichtigt.

(2) Der Arbeitgeber hat Angestellten, die für eine Altersteilzeitvereinbarung in Betracht kommen, auf Verlangen eine Berechnung der sich für sie

zu Beginn des Altersteilzeitarbeitsverhältnisses voraussichtlich ergebenden Vergütung und Aufstockungsbeträge zur Verfügung zu stellen.

§ 5 Vergütung

(1) Die/der Angestellte erhält für die Dauer des Altersteilzeitarbeitsverhältnisses die Hälfte ihres/seines bisherigen Bruttoarbeitsentgelts, das sie/er für eine Arbeitsleistung bei bisheriger wöchentlicher Arbeitszeit i.S.d. § 6 Abs. 2 ATG zu beanspruchen hätte (einschließlich aller Zulagen, jedoch ohne Mehrarbeitsvergütung; variable Entgeltbestandteile im monatlichen Durchschnitt der letzten 6 Monate vor Beginn der Altersteilzeit) und die Hälfte der tariflichen Sonderzahlungen nach § 3 Ziff 3 und § 13 Ziff. 9 MTV für die Altersteilzeit. [Altersteilzeitverhältnisse, die ab 1.7.2004 angetreten werden:] Der Arbeitgeber kann diese tariflichen Sonderzahlungen in regelmäßiges monatliches Entgelt umwandeln. Macht der Arbeitgeber von diesem Recht Gebrauch, so ist die jeweilige Sonderzahlung ratierlich als monatlich gleich bleibender Betrag auszuzahlen. Die Umwandlung bedarf der Zustimmung des/der Angestellten, wenn hierdurch eine höhere Beitragsbelastung in der Sozialversicherung eintritt als bei Auszahlung ohne Umwandlung.[1] Es ist sicherzustellen, dass der/die Angestellte in der Bruttolohnsumme der ratierlich ausgezahlten tariflichen Sonderzahlungen einen Betrag erhält, der der Hälfte der tariflichen Sonderzahlungen gemäß § 3 Ziff. 3 und § 13 Ziff. 9 MTV entspricht.

(2) Zusätzlich zu der Vergütung gemäß Abs. 1 erhält die/der Angestellte für den durch den Übergang auf die Altersteilzeitbeschäftigung ausfallenden Teil ihrer/seiner bisherigen regelmäßigen Arbeitszeit eine Aufstockungszahlung in Höhe von 30 % des Arbeitsentgelts für die Altersteilzeitarbeit nach Abs.1.

---

1   Protokollnotiz zu § 5 Abs. 1 Satz 4 ATzA:
    „Die Tarifvertragsparteien sind sich darin einig, dass eine erhöhte Beitragsbelastung nur in Ausnahmefällen eintritt. Um den Verwaltungsaufwand bei der Ermittlung der Zustimmungsbedürftigkeit zu begrenzen, darf der Arbeitgeber die Vergleichsberechnung der Beitragsbelastung mit und ohne Umwandlung für den gesamten Zeitraum der vereinbarten Altersteilzeit unter Zugrundelegung derjenigen Verhältnisse (Beitragsbemessungsgrundlagen, Entgelthöhe des Angestellten, etc.) durchführen, die im Zeitpunkt des Abschlusses der Altersteilzeitvereinbarung gelten (Fiktivberechnung). Ergibt die Fiktivberechnung, dass keine erhöhte Beitragsbelastung eintritt, so besteht für den Zeitraum der vereinbarten Altersteilzeit kein Zustimmungserfordernis."

[Satz 2 gültig für Altersteilzeitarbeitsverhältnisse, die bis 30.6.2004 ange-treten worden sind:] *Das Arbeitsentgelt für die Altersteilzeit ist jedoch auf mindestens 75 % des um die gesetzlichen Abzüge, die bei Angestellten gewöhnlich anfallen, verminderten Arbeitsentgelts (§§ 3 Abs. 1a, 15 ATG), das die/der Angestellte ohne Eintritt in die Altersteilzeit für eine Arbeits-leistung bei bisheriger wöchentlicher Arbeitszeit i.S.d. § 6 Abs. 2 ATG erzielt hätte, aufzustocken.*

(3) Die Vergütung der während der Arbeitsphase im Rahmen des § 7 Absatz 4 geleisteten Mehrarbeit richtet sich nach § 11 Ziff. 2 MTV. Auf einen etwa drohenden Anspruchsverlust nach § 7 Abs. 4 hat der Arbeit-geber die/den Angestellte(n) hinzuweisen.

(4) Das Arbeitsentgelt für die Altersteilzeitarbeit nach Absatz 1 und die Aufstockungszahlung nach Absatz 2 werden jeweils entsprechend der linearen Tarifgehaltssteigerung erhöht; eventuelle Einmalzahlungen wer-den anteilig gemäß Abs. 1 und 2 gezahlt.

(5) Endet das Altersteilzeitarbeitsverhältnis vorzeitig, hat die/der Ange-stellte Anspruch auf eine etwaige Differenz zwischen der erzielten Ver-gütung nebst der Aufstockungszahlung und dem Entgelt für den Zeitraum ihrer/seiner tatsächlichen Beschäftigung während der Arbeitsphase, das sie/er ohne Eintritt in die Altersteilzeit bei bisheriger wöchentlicher Ar-beitszeit i.S.d. § 6 Abs. 2 ATG erzielt hätte. Zuschläge und Zulagen i.S.v. § 11 Ziff. 2 bis 5 MTV bleiben unberücksichtigt. Die Differenz des Satzes 1 wird so ermittelt, dass demjenigen Nettoentgelt, das die/der Angestellte während der gesamten Altersteilzeit erhalten hat, das Nettoentgelt gegen-übergestellt wird, das sie/er erhalten hätte, wenn während der Beschäf-tigung in der Arbeitsphase das Arbeitsentgelt für die erbrachte Arbeits-leistung vollständig gezahlt worden wäre. Bei Tod der/des Angestellten steht der Anspruch den Erben zu. Die Hinterbliebenen einer/eines An-gestellten erhalten darüber hinaus die Vergütung nach Absatz 1 gemäß § 10 Ziff. 4 Satz 1 MTV.

(6) Im Falle krankheitsbedingter Arbeitsunfähigkeit leistet der Arbeitgeber Entgeltfortzahlung nach den für das Arbeitsverhältnis jeweils geltenden Bestimmungen.

(7) Nach Ablauf der Entgeltfortzahlung erhalten die in der gesetzlichen Krankenversicherung versicherten Angestellten neben dem Krankengeld

die Aufstockungszahlung nach Abs. 2. Die privat krankenversicherten Angestellten erhalten diese Aufstockungszahlung während des Zeitraumes, für den ihnen bei Krankenversicherungspflicht Krankengeld zustehen würde. In den zeitlichen Grenzen von § 10 Ziff. 2 Abs. 3 MTV erhalten die Angestellten jedoch mindestens 90 % ihrer Gesamtnettobezüge (berechnet nach der Vergütung gemäß Abs. 1 und Abs. 2) [Für Altersteilzeitverhältnisse, die bis 30.6.2004 angetreten worden sind: *bzw. den Mindestnettobetrag i.S.v. § 3 Abs. 1 Nr.1 Buchstabe a ATG*] jeweils unter Anrechnung des Krankengeldes, das sie bekommen oder bei Krankenversicherungspflicht bekommen würden (Sonderregelung zu § 10 Ziff. 2 MTV).

§ 6 Sozialversicherungsbeiträge

Fassung für Altersteilzeitarbeitsverhältnisse, die bis 30.6.2004 angetreten worden sind:

Zusätzlich zu den gesetzlichen Arbeitgeberbeiträgen zur Sozialversicherung für das Arbeitsentgelt nach § 5 Abs. 1 entrichtet der Arbeitgeber für die/den Angestellte(n) gemäß § 3 Abs. 1 Ziff. 1b ATG Beiträge zur gesetzlichen Rentenversicherung in Höhe des Unterschiedsbetrages zwischen 90 % des Entgelts, das die/der Angestellte erhalten hätte, wenn die bisherige wöchentliche Arbeitszeit i.S.d. § 6 Abs. 2 ATG nicht durch das Altersteilzeitarbeitsverhältnis vermindert worden wäre, und dem Arbeitsentgelt nach § 5 Abs. 1, höchstens jedoch bis zur Beitragsbemessungsgrenze.

Fassung für Altersteilzeitarbeitsverhältnisse, die ab 1.7.2004 angetreten werden:

Zusätzlich zu den gesetzlichen Arbeitgeberbeiträgen zur Sozialversicherung für das Arbeitsentgelt nach § 5 Abs. 1 entrichtet der Arbeitgeber für die/den Angestellte(n) gemäß § 3 Abs. 1 Ziff. 1b ATG Beiträge zur gesetzlichen Rentenversicherung. Die zusätzlichen Beiträge zur gesetzlichen Rentenversicherung sind jeweils mindestens in Höhe des Beitrages zu entrichten, der auf 80 % des Regelarbeitsentgeltes für die Altersteilzeitarbeit, begrenzt auf den Unterschiedsbetrag zwischen 90 % der monatlichen Beitragsbemessungsgrenze und dem Regelarbeitsentgelt, entfällt, höchstens bis zur Beitragsbemessungsgrenze.

§ 7 Erlöschen und Ruhen der Ansprüche

(1) Der Anspruch auf Leistungen aus diesem Abkommen erlischt mit dem Zeitpunkt der Beendigung des Altersteilzeitarbeitsverhältnisses gemäß § 2 Abs. 1.

(2) Der Anspruch auf Leistungen nach § 5 Abs. 2 erlischt im Falle des Todes der/des Angestellten mit Ablauf des Sterbemonats.

(3) Der Anspruch auf die Leistungen aus diesem Abkommen ruht während der Zeit, in der die/der Angestellte neben der Altersteilzeitarbeit Beschäftigungen oder selbstständige Tätigkeiten ausübt, die die Geringfügigkeitsgrenze des § 8 des Vierten Buches Sozialgesetzbuch überschreiten, oder aufgrund solcher Beschäftigungen eine Lohnersatzleistung erhält; die Grenze hinsichtlich des Sechstels des Gesamteinkommens ist dabei nicht anzuwenden. Der Anspruch auf die Leistungen erlischt, wenn er mindestens 150 Kalendertage ruht. Mehrere Ruhenszeiträume sind zusammenzurechnen. Beschäftigungen oder selbstständige Tätigkeiten bleiben unberücksichtigt, soweit die/der Angestellte sie bereits innerhalb der letzten 5 Jahre vor Beginn der Altersteilzeitarbeit ständig ausgeübt hat.

(4) Der Anspruch auf die Leistungen aus diesem Abkommen ruht ferner während der Zeit, in der die/der Angestellte über die Altersteilzeitarbeit hinaus Mehrarbeit leistet, die den Umfang der Geringfügigkeitsgrenze des § 8 des Vierten Buches Sozialgesetzbuch überschreitet. Abs. 3 S.2 bis 4 gilt entsprechend.

§ 8 Erstattung, Zurückbehaltungsrecht

(1) Die/der Angestellte hat zu Unrecht empfangenes Altersteilzeitentgelt dem Arbeitgeber vorbehaltlich des Satzes 2 zurückzuzahlen. Trifft die/den Angestellte(n) an der unberechtigten Zahlung des Altersteilzeitentgeltes kein Verschulden, besteht die Rückzahlungspflicht nur insoweit, als sie/er für Zeiträume, für die Altersteilzeitentgelt gezahlt wurde,von dritter Seite Leistungen erhält, die den Anspruch auf Altersteilzeitentgelt ausschließen.

(2) Haben unrichtige Auskünfte Dritter zu Leistungen des Arbeitgebers geführt, auf die nach diesem Abkommen kein Anspruch bestand, ist die/

der Angestellte verpflichtet, eine ihr/ihm gegebenenfalls gegen den Dritten zustehende Schadensersatzforderung an den Arbeitgeber abzutreten.

(3) Der Arbeitgeber kann das Altersteilzeitentgelt zurückbehalten, solange die/der Angestellte seine Mitteilungspflichten gem. § 3 Abs. 2 und 4 nicht erfüllt, es sei denn, sie/ihn trifft hieran kein Verschulden. Dasselbe gilt mit einer Ankündigungsfrist von 3 Monaten, wenn und solange die begründete Vermutung besteht, dass die/der Angestellte Altersruhegeld oder andere Versorgungsleistungen i.S.v. § 1 Abs. 1 in Anspruch nehmen kann oder wenn die/der Angestellte einen Antrag i.S.d. § 1 Abs. 4 nicht stellt oder seinen damit zusammenhängenden Mitwirkungspflichten nicht nachkommt.

§ 9   Fälligkeit

Die Leistungen aus diesem Abkommen werden entsprechend der im Unternehmen für die Gehaltszahlung geltenden Regelung gezahlt.

§ 10   Ausschlussfrist

Nach Beginn der Altersteilzeitarbeit sind alle Ansprüche aus diesem Abkommen innerhalb einer Frist von 6 Monaten nach Fälligkeit schriftlich geltend zu machen; andernfalls ist der Anspruch verfallen.

§ 11   Besitzstand

Bei Beginn der Altersteilzeitarbeit laufende Vereinbarungen, die die/der Angestellte mit dem Arbeitgeber zu Sonderkonditionen abgeschlossen hat (z.B. Haustarife, Hypothekendarlehen), werden während der Zeit der Altersteilzeitarbeit weitergeführt.

§ 12   Wiederbesetzung von Arbeitsplätzen

Bei Einstellungen, die infolge von Altersteilzeitvereinbarungen möglich werden, sollen Auszubildende des Unternehmens nach erfolgreichem Abschluss bevorzugt berücksichtigt werden.

§ 13 Mitwirkung von Arbeitnehmervertretung

Die Arbeitnehmervertretung (Betriebsrat/Personalrat) ist unverzüglich über die Anträge auf Abschluss von Altersteilzeitvereinbarungen und deren Abschluss zu unterrichten.

§ 14

(aufgehoben)

§ 15 Öffnungsklausel

Der Arbeitgeber kann mit der/dem Angestellten jeden anderen Beendigungszeitpunkt und jede andere Form der Altersteilzeit und der Arbeitszeitverteilung (mit oder ohne Blockbildung), die den Bestimmungen des ATG entspricht, einvernehmlich vereinbaren. Eine freiwillige Betriebsvereinbarung ist ebenfalls zulässig, soweit sie den Dotierungsrahmen des § 5 Abs. 1 und 2 nicht unterschreitet.

§ 16 Inkrafttreten, Kündigung

Dieses Abkommen tritt am 1.7.1997 in Kraft und endet am 31.12.2005.

Altersteilzeitarbeitsverhältnisse, die spätestens am 1.1.2006 in Kraft getreten sind, werden unbeschadet des Ablaufs dieses Abkommens abgewickelt. Im Übrigen wird die Nachwirkung ausgeschlossen.

Protokollnotiz:

Um dem Altersteilzeitgesetz zu entsprechen, stimmen die Tarifvertragsparteien darin überein, dass Vereinbarungen einer Altersteilzeit mit Blockbildung auch mit leitenden Angestellten, die gemäß § 1 Ziff. 2 Abs. 2 MTV nicht unter den Geltungsbereich des Manteltarifvertrages fallen, abgeschlossen werden können.

Protokollnotiz zu § 1 Absatz 6:

Die Tarifvertragsparteien gehen davon aus, dass die 5 %-Grenze des § 3 Abs. 1 Nr. 3 ATG unternehmensbezogen zu ermitteln ist.

Empfehlung:

Älteren Angestellten, die mit ihrem Arbeitgeber nur deshalb kein Altersteilzeitarbeitsverhältnis vereinbaren können, weil sie die Voraussetzungen des § 1 Abs. 2 des Altersteilzeitabkommens nicht erfüllen, soll dennoch ein früheres Ausscheiden aus dem Arbeitsleben unter sozial vertretbaren Bedingungen ermöglicht werden. Dies kann z.B. durch eine Vereinbarung über den vorzeitigen Eintritt in den Ruhestand gegen Zahlung einer Abfindung geschehen.

Für die Berechnung dieser Abfindung empfehlen die Tarifvertragsparteien, auf die Gesamthöhe der Aufstockungszahlungen i.S.d. § 5 Abs. 2 und § 6 des Altersteilzeitabkommens abzustellen, die aufzubringen wären, wenn mit der/dem Angestellten eine Altersteilzeitvereinbarung abgeschlossen werden könnte.

München, den 4.7.1997

Unterschriften

Altersteilzeitabkommen für den organisierenden Werbeaußendienst des privaten Versicherungsgewerbes

(in der ab 30.11.2019 geltenden Fassung)[1]

Zwischen den unterzeichnenden Tarifvertragsparteien wird für die Angestellten, die unter den Geltungsbereich von Teil III des Manteltarifvertrages für das private Versicherungsgewerbe (MTV) fallen und aufgrund ihres Anstellungsvertrages ausschließlich haupt- und/oder nebenberufliche Mitarbeiter anwerben und einarbeiten sowie unterstellte Mitarbeiter betreuen (organisierenden Außendienst), mit Wirkung ab 1.1.2006 folgendes Abkommen vereinbart:

§ 1   Altersteilzeitvereinbarung

(1)   Der Arbeitgeber kann mit der/dem Angestellten einen Altersteilzeitvertrag auf Basis des Altersteilzeitgesetzes abschließen. Im Hinblick auf die Verteilung der während des Altersteilzeitarbeitsverhältnisses insgesamt geschuldeten Arbeitszeit ist eine Blockbildung gemäß § 2 Abs. 2 Satz 1 Nr. 1 ATG in den gesetzlich vorgesehenen Höchstgrenzen zulässig. Im Falle der Vereinbarung einer Altersteilzeit endet das Arbeitsverhältnis mit dem Ende der Altersteilzeit. Es endet ohne Kündigung mit Beginn des Kalendermonats, für den die/der Angestellte eine ungeminderte Altersrente der GRV oder eine mit ihr vergleichbare Leistung (Leistung einer Versicherungs- oder Versorgungseinrichtung oder eines Versicherungsunternehmens, wenn die/der Angestellte von der Versicherungspflicht befreit ist, sowie Knappschaftsausgleichsleistungen und ähnliche Leistungen öffentlich-rechtlicher Art) beanspruchen kann oder Rente wegen voller Erwerbsminderung erhält, spätestens jedoch mit Ablauf des Kalendermonats, in dem der/die Angestellte die Altersgrenze für eine Regelaltersrente nach den Bestimmungen der gesetzlichen Rentenversicherung erreicht hat.

---

1   Das Altersteilzeitabkommen für den organisierenden Werbeaußendienst des privaten Versicherungsgewerbes in der bis zum 31.12.2005 geltenden Fassung ist im Anschluss an die vorliegende Fassung abgedruckt.

(2) Ein Rechtsanspruch auf Altersteilzeit (auch unter dem Gesichtspunkt der Gleichbehandlung) ist ausgeschlossen.

§ 2 Bedingungen der Altersteilzeit

(1) Wird zwischen Arbeitgeber und Angestellten eine Altersteilzeitvereinbarung gem. § 1 geschlossen, so erhält die/der Angestellte für die Dauer der Arbeitsphase des Altersteilzeitarbeitsverhältnisses die Hälfte ihres/ seines in diesem Zeitraum tatsächlich verdienten Bruttoarbeitsentgelts (einschließlich aller Zulagen und variabler Entgeltbestandteile), mindestens jedoch die Hälfte des tariflichen Mindesteinkommens und die Hälfte der tariflichen Sonderzahlungen nach § 19 Ziff. 5 und § 22 Ziff. 3 MTV. Der Arbeitgeber kann diese tariflichen Sonderzahlungen in regelmäßiges monatliches Entgelt umwandeln. Macht der Arbeitgeber von diesem Recht Gebrauch, so ist die jeweilige Sonderzahlung ratierlich als monatlich gleichbleibender Betrag auszuzahlen. Es ist sicherzustellen, dass der/die Angestellte in der Bruttolohnsumme der ratierlich ausgezahlten tariflichen Sonderzahlungen einen Betrag erhält, der der Hälfte der tariflichen Sonderzahlungen gemäß § 19 Ziff. 5 und § 22 Ziff. 3 MTV entspricht.

Für die Dauer der Freistellungsphase erhält die/der Angestellte die Hälfte des in der Arbeitsphase tatsächlich verdienten monatlichen Durchschnittseinkommens (Bruttoarbeitsentgelt einschließlich aller Zulagen und variabler Entgeltbestandteile sowie der tariflichen Sonderzahlungen; ausgenommen sind jedoch Jubiläumszahlungen). Ist die Arbeitsphase kürzer als 24 Kalendermonate, so ist für die Berechnung des hälftigen Durchschnittseinkommens die Vergütung aus so vielen der unmittelbar der Arbeitsphase vorangehenden Kalendermonaten zusätzlich zugrunde zu legen, dass eine Berechnungsgrundlage von 24 Kalendermonaten gegeben ist.

(2) Zusätzlich zu der Vergütung gemäß Abs. 1 erhält die/der Angestellte für den durch den Übergang auf die Altersteilzeitbeschäftigung ausfallenden Teil ihrer/seiner bisherigen regelmäßigen Arbeitszeit eine Aufstockungszahlung in Höhe von 30 % des Arbeitsentgelts für die Altersteilzeitarbeit nach Abs. 1.

(3) Variable Entgeltbestandteile, die erst in der Freistellungsphase anfallen, werden auf die Vergütung nach Abs. 1 und 2 angerechnet. Regelun-

gen über die Rückzahlung nicht verdienter variabler Entgeltbestandteile bleiben unberührt.

(4) Spesen bzw. Spesenpauschalen und Fahrtkostenersatz bzw. Fahrtkostenpauschalen sowie sonstiger Auslagenersatz sind kein Arbeitsentgelt i.S.v. Abs. 1 und 2. Sie werden während der Arbeitsphase in voller Höhe gezahlt, in der Freistellungsphase entfallen sie dagegen gänzlich.

(5) Zusätzlich zu den gesetzlichen Arbeitgeberbeiträgen zur Sozialversicherung für das Arbeitsentgelt nach Abs. 1 entrichtet der Arbeitgeber für die/den Angestellte(n) gemäß § 3 Abs. 1 Ziff. 1b ATG Beiträge zur gesetzlichen Rentenversicherung. Die zusätzlichen Beiträge zur gesetzlichen Rentenversicherung sind jeweils mindestens in Höhe des Beitrages zu entrichten, der auf 80 % des Regelarbeitsentgelts für die Altersteilzeitarbeit, begrenzt auf den Unterschiedsbetrag zwischen 90 % der monatlichen Beitragsbemessungsgrenze und dem Regelarbeitsentgelt, entfällt, höchstens bis zur Beitragsbemessungsgrenze.

(6) Endet das Altersteilzeitarbeitsverhältnis vorzeitig, hat die/der Angestellte Anspruch auf eine etwaige Differenz zwischen der erzielten Vergütung nebst der Aufstockungszahlung und dem Entgelt für den Zeitraum ihrer/seiner tatsächlichen Beschäftigung während der Arbeitsphase, das sie/er ohne Eintritt in die Altersteilzeit erzielt hätte. Die Differenz des Satzes 1 wird so ermittelt, dass demjenigen Nettoentgelt, das die/der Angestellte während der gesamten Altersteilzeit erhalten hat, das Nettoentgelt gegenübergestellt wird, das sie/er erhalten hätte, wenn während der Beschäftigung in der Arbeitsphase Vollzeitarbeitsentgelt gezahlt worden wäre. Bei Tod der/des Angestellten steht der Anspruch den Erben zu. Die Hinterbliebenen einer/eines Angestellten erhalten darüber hinaus die vereinbarte Altersteilzeitvergütung ohne Aufstockungszahlungen gemäß § 21 Ziff. 4 Satz 1 MTV, wobei der hälftige Höchstbetrag zugrunde zu legen ist, soweit der zwölfmonatige Bezugszeitraum in die Altersteilzeit fällt.

(7) Im Falle krankheitsbedingter Arbeitsunfähigkeit leistet der Arbeitgeber Entgeltfortzahlung nach den für das Arbeitsverhältnis jeweils geltenden Bestimmungen.

(8) Nach Ablauf der Entgeltfortzahlung erhalten die in der gesetzlichen Krankenversicherung versicherten Angestellten neben dem Krankengeld die Aufstockungszahlung nach Abs. 2. Die privat krankenversicherten An-

gestellten erhalten diese Aufstockungszahlung während des Zeitraumes, für den ihnen bei Krankenversicherungspflicht Krankengeld zustehen würde. In den zeitlichen Grenzen von § 21 Ziff. 2 Abs. 3 MTV erhalten die Angestellten jedoch mindestens 90 % ihrer Gesamtnettobezüge (berechnet nach der Vergütung gemäß Abs. 1 und Abs. 2) jeweils unter Anrechnung des Krankengeldes, das sie bekommen oder bei Krankenversicherungspflicht bekommen würden (Sonderregelung zu § 21 Ziff. 2 MTV).

(9) Angestellte, die dem Unternehmen mindestens 10 Jahre angehören und die vor dem 1.1.2023 das 57. Lebensjahr vollenden und mit dem Arbeitgeber eine bis zu sechsjährige Altersteilzeit vereinbaren, die mit dem 63. Lebensjahr endet und bei denen sich in Folge des vorzeitigen Rentenbezugs mit Vollendung des 63. Lebensjahres nachweislich ein Rentenabschlag in der gesetzlichen Rentenversicherung ergibt, sind wirtschaftlich so zu stellen, als ob dieser Rentenabschlag nur die Hälfte betragen würde. Dabei darf der Aufwand des Arbeitgebers 3,6 % der individuellen Sozialversicherungsrente nicht übersteigen.[1] Über die Art und Weise dieses wirtschaftlichen Ausgleichs (z.B. durch Erhöhung einer bestehenden betrieblichen Altersversorgung) entscheidet das jeweilige Versicherungsunternehmen.

(10) Wird die Altersteilzeit im Blockmodell durchgeführt, verkürzt sich der Urlaubsanspruch für die Zeit der Freistellung auf null. Im Kalenderjahr des Übergangs von der Arbeitsphase zur Freistellung hat der/die Angestellte für jeden angefangenen Monat der Arbeitsphase Anspruch auf ein Zwölftel des Jahresurlaubs.

§ 3 Erlöschen und Ruhen der Ansprüche

(1) Der Anspruch auf Leistungen aus diesem Abkommen erlischt mit dem Zeitpunkt der Beendigung des Altersteilzeitarbeitsverhältnisses.

(2) Der Anspruch auf Leistungen nach § 2 Abs. 2 erlischt im Falle des Todes der/des Angestellten mit Ablauf des Sterbemonats.

---

[1] Protokollnotiz vom 24.11.2007:
„Die Begrenzung des Arbeitgeberaufwandes auf 3,6 % der individuellen Sozialversicherungsrente bleibt ungeachtet der Änderungen des gesetzlichen Renteneintritts durch das RV-Altersgrenzenanpassungsgesetz in dieser Höhe bestehen."

(3) Der Anspruch auf Leistungen aus diesem Abkommen ruht während der Zeit, in der die/der Angestellte neben der Altersteilzeitarbeit Beschäftigungen oder selbstständige Tätigkeiten ausübt, die die Geringfügigkeitsgrenze des § 8 des Vierten Buches Sozialgesetzbuch überschreiten, oder aufgrund solcher Beschäftigungen eine Lohnersatzleistung erhält. Der Anspruch auf die Leistungen erlischt, wenn er mindestens 150 Kalendertage ruht. Mehrere Ruhenszeiträume sind zusammenzurechnen. Beschäftigungen oder selbstständige Tätigkeiten bleiben unberücksichtigt, soweit die/der Angestellte sie bereits innerhalb der letzten 5 Jahre vor Beginn der Altersteilzeitarbeit ständig ausgeübt hat.

§ 4 Fälligkeit

Die Leistungen aus diesem Abkommen werden entsprechend der im Unternehmen für die Gehaltszahlung geltenden Regelung gezahlt.

§ 5 Ausschlussfrist

Nach Beginn der Altersteilzeitarbeit sind alle Ansprüche aus diesem Abkommen innerhalb einer Frist von 6 Monaten nach Fälligkeit schriftlich geltend zu machen; andernfalls ist der Anspruch verfallen.

§ 6 Wiederbesetzung von Arbeitsplätzen

Bei Einstellungen, die infolge von Altersteilzeitvereinbarungen möglich werden, sollen Auszubildende des Unternehmens nach erfolgreichem Abschluss bevorzugt berücksichtigt werden.

§ 7 Mitwirkung der Arbeitnehmervertretung

Die Arbeitnehmervertretung (Betriebsrat/Personalrat) ist unverzüglich über die Anträge auf Abschluss von Altersteilzeitvereinbarungen und deren Abschluss zu unterrichten.

§ 8   Besitzstandsregelung

Bei Beginn der Altersteilzeitarbeit laufende Vereinbarungen, die die/der Angestellte mit dem Arbeitgeber zu Sonderkonditionen abgeschlossen hat (z.B. Haustarife, Hypothekendarlehen), werden während der Zeit der Altersteilzeitarbeit weitergeführt.

§ 9   Öffnungsklausel für den nicht organisierenden Werbeaußendienst

Einvernehmlich kann der Arbeitgeber mit allen Angestellten, die unter den Geltungsbereich von Teil III des Manteltarifvertrages für das private Versicherungsgewerbe (MTV) fallen, jeden Beendigungszeitpunkt und jede Form der Altersteilzeit und der Altersteilzeitverteilung (mit oder ohne Blockbildung), die den Bestimmungen des ATG entspricht, vereinbaren. Der Arbeitgeber kann mit Angestellten, die aufgrund ihres Anstellungsvertrages ausschließlich haupt- und/oder nebenberufliche Mitarbeiter anwerben und einarbeiten sowie unterstellte Mitarbeiter betreuen (organisierender Außendienst), jede andere Form der Altersteilzeit (mit oder ohne Blockbildung), die den Bestimmungen des ATG entspricht, einvernehmlich vereinbaren soweit tarifliche Rechte nicht beeinträchtigt werden. Eine freiwillige Betriebsvereinbarung ist ebenfalls zulässig, soweit sie den Dotierungsrahmen des § 2 Abs. 1 und 2 nicht unterschreitet.

§ 10   Inkrafttreten und Geltungsdauer

Dieses Abkommen tritt am 1.1.2006 in Kraft und endet am 31.12.2022.

Altersteilzeitarbeitsverhältnisse, die spätestens am 1.1.2023 in Kraft getreten sind, werden unbeschadet des Ablaufs dieses Abkommens abgewickelt. Das Geiche gilt für Altersteilzeitverhältnisse, die erst nach dem 1.1.2023 in Kraft treten, sofern die Altersteilzeitvereinbarung vor dem 1.1.2007 abgeschlossen wurde und der/die Angestellte vor dem 1.1.1955 geboren wurde. Im Übrigen wird die Nachwirkung ausgeschlossen.

Protokollnotiz:

Um dem Altersteilzeitgesetz zu entsprechen, stimmen die Tarifvertragsparteien darin überein, dass Vereinbarungen einer Altersteilzeit mit Blockbildung auch mit leitenden Angestellten, die gemäß § 1 Ziff. 2 Abs. 2 MTV
nicht unter den Geltungsbereich des Manteltarifvertrages fallen, abgeschlossen werden können.

Hamburg, den 22.12.2005

Unterschriften

Dieses Abkommen wurde vom Arbeitgeberverband mit den Gewerkschaften ver.di,
DHV und DBV abgeschlossen.

Altersteilzeitabkommen für den organisierenden Werbeaußendienst des privaten Versicherungsgewerbes

(in der bis 31.12.2005 geltenden Fassung)

Zwischen den unterzeichnenden Tarifvertragsparteien wird für die Angestellten, die unter den Geltungsbereich von Teil III des Manteltarifvertrages für das private Versicherungsgewerbe (MTV) fallen und aufgrund ihres Anstellungsvertrages ausschließlich[1] haupt- und/oder nebenberufliche Mitarbeiter anwerben und einarbeiten sowie unterstellte Mitarbeiter betreuen (organisierender Außendienst), folgendes Abkommen vereinbart:

Präambel

Mit diesem Abkommen wollen die vertragsschließenden Parteien einen Beitrag zur Entspannung der von hoher Arbeitslosigkeit gekennzeichneten Arbeitsmarktlage leisten. Durch ein früheres Ausscheiden älterer Angestellter unter sozial vertretbaren Bedingungen sollen neue Beschäftigungsmöglichkeiten geschaffen, die Berufschancen jüngerer Menschen verbessert und die vorhandenen Arbeitsplätze sicherer gemacht werden.

§ 1 Anspruchsvoraussetzungen

(1) Angestellte haben, wenn sie

– das 55. Lebensjahr vollendet haben, für einen Zeitraum von bis zu 5 Jahren vor dem erstmals möglichen Bezug einer ungeminderten Altersrente der gesetzlichen Rentenversicherung (GRV) oder

---

1 Gelegentliche Vermittlung in anderen Sparten für Konzernunternehmen steht der Anwendung dieser Vereinbarung nicht entgegen.

-- nach dem 1.1.2000 und vor dem 1.1.2006 das 57. Lebensjahr vollenden, für einen Zeitraum von bis zu 6 Jahren vor Vollendung des 63. Lebensjahres (zeitlich begrenzte Ausnahmeregelung)[1]

Anspruch auf die Leistungen nach diesem Abkommen, wenn sie dem Unternehmen mindestens 10 Jahre angehören und ihr Arbeitsverhältnis aufgrund einer schriftlichen Vereinbarung mit dem Arbeitgeber in ein Altersteilzeitarbeitsverhältnis umgewandelt worden ist. Den Altersrenten der GRV stehen Leistungen einer Versicherungs- oder Versorgungseinrichtung oder eines Versicherungsunternehmens gleich, wenn die/der Angestellte von der Versicherungspflicht befreit ist, sowie Knappschaftsausgleichsleistungen und ähnliche Leistungen öffentlich-rechtlicher Art.

(2) Weitere Voraussetzung für den Anspruch ist, dass die/der Angestellte innerhalb der letzten 5 Jahre vor Beginn der Altersteilzeit mindestens 1.080 Kalendertage eine Vollzeitbeschäftigung i.S.v. § 2 Abs. 1 Nr. 3 ATG ausgeübt hat.

(3) Der Anspruch besteht nicht, wenn bei Beginn des Altersteilzeitarbeitsverhältnisses die/der Angestellte Rente wegen voller Erwerbsminderung oder Anpassungsgeld für entlassene Arbeitnehmer des Bergbaus erhält oder der Arbeitgeber berechtigt war, das Arbeitsverhältnis aus wichtigem Grunde zukündigen.

(4) Der Anspruch entfällt rückwirkend ab Beginn des Zeitraums, für den der/dem Angestellten Rente wegen voller Erwerbsminderung zuerkannt wird. Liegen vor Beginn der Altersteilzeit Umstände vor, die auf eine Erwerbsminderung hindeuten, ist die/der Angestellte verpflichtet, unverzüglich einen Antrag auf Rente wegen Erwerbsminderung zu stellen und damit zusammenhängende Mitwirkungspflichten zu erfüllen.

---

1 Tarifvereinbarung zu § 1 Abs. 1 Satz 1 Alternative 2 ATzA Außendienst:
„Die Angestellten, die vor dem 1.1.2006 das 57. Lebensjahr vollenden und von der zeitlich begrenzten Ausnahmeregelung gem. § 1 Abs.1 Satz 1 Alternative 2 des Altersteilzeitabkommens für den organisierenden Werbeaußendienst des privaten Versicherungsgewerbes Gebrauch machen und bei denen sich infolge des vorzeitigen Rentenbezugs mit Vollendung des 63. Lebensjahres nachweislich ein Rentenabschlag in der gesetzlichen Rentenversicherung ergibt, sind wirtschaftlich so zu stellen, als ob dieser Rentenabschlag nur die Hälfte betragen würde. Dabei darf der Aufwand des Arbeitgebers 3,6 % der individuellen Sozialversicherungsrente nicht übersteigen.
Über die Art und Weise dieses wirftschaftlichen Ausgleichs (z.B. durch Erhöhung einer bestehenden betrieblichen Altersversorgung) entscheidet das jeweilige Versicherungsunternehmen."

(5) Solange über einen Antrag der/des Angestellten auf Rente wegen Erwerbsminderung nicht entschieden ist, erhält die/der Angestellte die Vergütung nach § 5 unter dem Vorbehalt späterer Rückzahlung (§ 8 Abs.1) ab dem Zeitpunkt des Rentenbeginns.

(6) Der Anspruch auf Altersteilzeit ist ausgeschlossen, wenn und solange 5 % der Angestellten des Betriebes[1] von einer Altersteilzeitregelung Gebrauch machen oder diese Grenze durch den Abschluss eines Altersteilzeitvertrages überschritten werden würde. Bei der Ermittlung der 5 %-Grenze werden die Angestellten, die unter Teil II MTV fallen, nicht einbezogen; im Übrigen gilt § 7 ATG.

§ 2 Vereinbarung einer Altersteilzeit

(1) Das Altersteilzeitarbeitsverhältnis darf die Dauer von 24 Kalendermonaten nicht unter- und von 5 Jahren bzw. im Falle des § 1 Abs. 1 Satz 1 Alternative 2 von 6 Jahren nicht überschreiten; von der 24-monatigen Mindestdauer kann abgesehen werden, wenn der erstmals mögliche Bezug einer ungeminderten Altersrente schon vor Ablauf von 2 Jahren möglich ist. Es endet ohne Kündigung mit Beginndes Kalendermonats, für den die/der Angestellte eine ungeminderte Altersrente der GRV oder eine mit ihr vergleichbare Leistung i.S.v. § 1 Abs. 1 beanspruchen kann oder Rente wegen voller Erwerbsminderung erhält, spätestens jedoch mit dem Ablauf des Kalendermonats, in dem die/der Angestellte das 65. Lebensjahr – im Falle der Ausnahmeregelung des § 1 Abs. 1 Satz 1 Alternative 2 das 63. Lebensjahr – vollendet. Bei Abschluss des Altersteilzeitarbeitsvertrages ist zwischen Arbeitgeber und der/dem Angesteilen eine Vereinbarung über die Beendigung des Arbeitsverhältnisses ohne Kündigung zu einem nach Satz 2 zulässigen Zeitpunkt zu treffen.

Im Übrigen bleibt das Recht zur Kündigung nach Maßgabe des Arbeitsvertrages und der einschlägigen tariflichen, gesetzlichen und betrieblichen Regelungen unberührt.

(2) Die während der Gesamtdauer des Altersteilzeitarbeitsverhältnisses geschuldete Arbeitszeit muss durchschnittlich die Hälfte der üblichen Arbeitszeit (§ 6 Abs. 3 Nr. 2 ATG) betragen und ist so zu verteilen, dass sie

---

[1]   Siehe dazu Protokollnotiz zu § 1 Absatz 6 nach § 16 ATzA Außendienst (alt).

in der ersten Hälfte des Altersteilzeitarbeitsverhältnisses (Arbeitsphase) geleistet und die/der Angestellte anschließend von der Arbeit freigestellt (Freistellungsphase) wird (Blockbildung).

(3) Für die Zeit der Freistellung von der Arbeit besteht kein Urlaubsanspruch. Im Kalenderjahr des Übergangs von der Beschäftigung zur Freistellung hat die/der Angestellte für jeden angefangenen Beschäftigungsmonat Anpruch auf ein Zwölftel des Jahresurlaubs.

§ 3   Verpflichtungen der/des Angestellten

(1) Die/der Angestellte hat so frühzeitig wie möglich, spätestens jedoch 3 Monate vor dem gewünschten Beginn der Altersteilzeit den Abschluss einer Altersteilzeitvereinbarung beim Arbeitgeber schriftlich zu beantragen. Eine Vereinbarung über Altersteilzeit kann nur zum Beginn eines Kalendermonats verlangt werden. Ist in dem Antrag kein bestimmter Zeitpunkt für den Beginn der Altersteilzeit genannt, gilt der Beginn der Altersteilzeit als zum Beginn des 4. Monats nach Zugang des Antrags verlangt.

(2) Die/der Angestellte hat dem Arbeitgeber spätestens 2 Monate vor dem gewünschten Beginn der Altersleilzeil den Zeilpunkt des erstmals möglichen Bezugs einer ungeminderten Altersrente der GRV oder einer der in § 1 Abs. 1 genannten sonstigen Versorgungsleistungen durch Vorlage geeigneter Unterlagen nachzuweisen.

(3) Die/der Angestellte ist verpflichtet, rechtzeitig einen Antrag auf eine ungeminderte Altersrente der GRV oder vergleichbare Leistung oder Rente wegen voller Erwerbsminderung, die zum Erlöschen des Altersteilzeitverhältnisses nach § 2 Abs. 1 führen, zu stellen und den Arbeitgeber hierüber unverzüglich zu unterrichten.

(4) Die/der Angestellte in Altersteilzeitarbeit hat Änderungen der sie/ihn betreffenden Verhältnisse, die den Vergütungsanspruch oder den Anspruch auf Aufstockungszahlung berühren können, dem Arbeitgeber unverzüglich mitzuteilen.

§ 4 Verpflichtungen des Arbeitgebers

(1) Der Arbeitgeber hat fristgemäß gestellten Anträgen gemäß § 3 Abs. 1 bei Vorliegen der Anspruchsvoraussetzungen des § 1 im Rahmen der 5 %-Grenze des § 1 Absatz 6 zu entsprechen. Die Anträge auf Abschluss von Altersteilzeitvereinbarungen werden nach der Reihenfolge des beantragten Beginns der Altersteilzeit, bei gleichzeitigem Beginn nach der Reihenfolge ihres Eingangs beim Arbeitgeber, berücksichtigt.

(2) Der Arbeitgeber hat Angestellten, die für eine Altersteilzeitvereinbarung in Betracht kommen, auf Verlangen eine Modellberechnung der sich für sie zu Beginn des Altersteilzeitarbeitsverhältnisses voraussichtlich ergebenden Vergütung und Aufstockungsbeträge zur Verfügung zu stellen.

§ 5 Vergütung

(1) Die/der Angestellte erhält für die Dauer der Arbeitsphase des Altersteilzeitarbeitsverhältnisses die Hälfte ihres/seines in diesem Zeitraum tatsächlich verdienten Bruttoarbeitsentgelts (einschließlich aller Zulagen und variabler Entgeltbestandteile), mindestens jedoch die Hälfte des tariflichen Mindesteinkommens, und die Hälfte der tariflichen Sonderzahlungen nach § 19 Ziff. 5 und § 22 Ziff. 3 MTV. [Sätze 2 bis 5 gültig für Altersteilzeitverhältnisse, die ab dem 1.7.2004 angetreten werden]: Der Arbeitgeber kann die tariflichen Sonderzahlungen in regelmäßiges monatliches Entgelt umwandeln. Macht der Arbeitgeber von diesem Recht Gebrauch, so ist die jeweilige Sonderzahlung ratierlich als monatlich gleich bleibender Betrag auszuzahlen. Die Umwandlung bedarf der Zustimmung des/der Angestellten, wenn hierdurch eine höhere Beitragsbelastung in der Sozialversicherung eintritt als bei Auszahlung ohne Umwandlung.[1] Es ist sicherzustellen, dass der/die Angestellte in der Brut-

---

[1]   Protokollnotiz zu § 5 Abs. 1 Satz 4 ATzA:
„Die Tarifvertragsparteien sind sich darin einig, dass eine erhöhte Beitragsbelastung nur in Ausnahmefällen eintritt. Um den Verwaltungsaufwand bei der Ermittlung der Zustimmungsbedürftigkeit zu begrenzen, darf der Arbeitgeber die Vergleichsberechnung der Beitragsbelastung mit und ohne Umwandlung für den gesamten Zeitraum der vereinbarten Altersteilzeit unter Zugrundelegung derjenigen Verhältnisse (Beitragsbemessungsgrundlagen, Entgelthöhe des Angestellten, etc.) durchführen, die im Zeitpunkt des Abschlusses der Altersteilzeitvereinbarung gelten (Fiktivberechnung). Ergibt die Fiktivberechnung, dass keine erhöhte Beitragsbelastung eintritt, so besteht für den Zeitraum der vereinbarten Altersteilzeit kein Zustimmungserfordernis."

tolohnsumme der ratierlich ausgezahlten tariflichen Sonderzahlungen einen Betrag erhält, der der Hälfte der tariflichen Sonderzahlungen gem. § 19 Ziff. 5 und § 22 Ziff. 3 MTV entspricht.

Für die Dauer der Freisteilungsphase erhält die/der Angestellte die Hälfte des in der Arbeitsphase tatsächlich verdienten monatlichen Durchschnittseinkommens (Bruttoarbeitsentgelt einschließlich aller Zulagen und variabler Entgeltbestandteile sowie der tariflichen Sonderzahlungen; ausgenommen sind jedoch Jubiläumszahlungen). Ist die Arbeitsphase kürzer als 24 Kalendermonate, so ist für die Berechnung des hälftigen Durchschnittseinkommens die Vergütung aus so vielen der unmittelbar der Arbeitsphase vorangehenden Kalendermonaten zusätzlich zugrunde zu legen, dass eine Berechnungsgrundlage von insgesamt 24 Kalendermonaten gegeben ist.

(2) Zusätzlich zu der Vergütung gemäß Abs. 1 erhält die/der Angestellte eine Aufstockungszahlung in Höhe von 30 % des Arbeitsentgelts für die Altersteilzeitarbeit nach Abs. 1. [Satz 2 gültig für Altersteilzeitarbeitsverhältnisse, die bis 30.6.2004 angetreten worden sind]: *Das Arbeitsentgelt für die Altersteilzeitarbeit ist jedoch auf mindestens 75 % des um die gesetzlichen Abzüge, die bei Angestellten gewöhnlich anfallen, verminderten Arbeitsentgelts (§§ 3 Abs. 1a, 15 ATG), das die/der Angestellte ohne Eintritt in die Altersteilzeit erzielt hätte, aufzustocken; Maßstab ist insoweit das in Absatz 1 Sätze 2 und 3 definierte Durchschnittseinkommen.*

(3) Variable Entgeltbestandteile, die erst in der Freistellungsphase anfallen, werden auf die Vergütung nach Abs. 1 und 2 angerechnet. Regelungen über die Rückzahlung nicht verdienter variabler Entgeltbestandteile bleiben unberührt.

(4) Spesen bzw. Spesenpauschalen und Fahrtkostenersatz bzw. Fahrtkostenpauschalen sowie sonstiger Auslagenersatz sind kein Arbeitsentgelt i.S.v. Abs. 1 und 2. Sie werden während der Arbeitsphase in voller Höhe gezahlt, in der Freistellungsphase entfallen sie dagegen gänzlich.

(5) Endet das Altersteilzeitarbeitsverhältnis vorzeitig, hat die/der Angestellte Anspruch auf eine etwaige Differenz zwischen der erzielten Vergütung nebst der Aufstockungszahlung und dem Entgelt für den Zeitraum ihrer/seiner tatsächlichen Beschäftigung während der Arbeitsphase, das sie/er ohne Eintritt in die Altersteilzeit erzielt hätte. Die Differenz des Sat-

zes 1 wird so ermittelt, dass demjenigen Nettoentgelt, das die/der Angestellte während der gesamten Altersteilzeit erhalten hat, das Nettoentgelt gegenübergestellt wird, das sie/er erhalten hätte, wenn während der Beschäftigung in der Arbeitsphase Vollzeitarbeitsentgelt gezahlt worden wäre. Bei Tod der/des Angestellten steht der Anspruch den Erben zu. Die Hinterbliebenen einer/eines Angestellten erhalten darüber hinaus die Vergütung nach Absatz 1 gemäß § 21 Ziff. 4 Satz 1 MTV, wobei der hälftige Höchstbetrag zugrunde zu legen ist, soweit der zwölfmonatige Bezugszeitraum in die Altersteilzeit fällt.

(6) Im Falle krankheitsbedingter Arbeitsunfähigkeit leistet der Arbeitgeber Entgeltfortzahlung nach den für das Arbeitsverhältnis jeweils geltenden Bestimmungen.

(7) Nach Ablauf der Entgeltfortzahlung erhalten die in der gesetzlichen Krankenversicherung versicherten Angestellten neben dem Krankengeld die Aufstockungszahlung nach Abs. 2. Die privat krankenversicherten Angestellten erhalten diese Aufstockungszahlung während des Zeitraumes, für den ihnen bei Krankenversicherungspflicht Krankengeld zustehen würde. In den zeitlichen Grenzen von § 21 Ziff. 2 Abs. 3 MTV erhalten die Angestellten jedoch mindestens 90 % ihrer Gesamtnettobezüge (berechnet nach der Vergütung gemäß Abs. 1 und Abs. 2) [für Altersteilzeitverhältnisse, die bis 30.6.2004 angetreten worden sind: *bzw. den Mindestnettobetrag i.S.d. § 3 Abs. 1 Nr. 1 Buchstabe a ATG*] jeweils unter Anrechnung des Krankengeldes, das sie bekommen oder bei Krankenversicherungspflicht bekommen würden (Sonderregelung zu § 21 Ziff. 2 MTV).

§ 6   Sozialversicherungsbeiträge

Fassung für Altersteilzeitverhältnisse, die bis 30.6.2004 angetreten worden sind:

Zusätzlich zu den gesetzlichen Arbeitgeberbeiträgen zur Sozialversicherung für das Arbeitsentgelt nach § 5 Abs. 1 entrichtet der Arbeitgeber für die/den Angestellte(n) gemäß § 3 Abs. 1 Ziff. 1b ATG Beiträge zur gesetzlichen Rentenversicherung in Höhe des Unterschiedsbetrages zwischen 90 % des Entgelts, das die/der Angestellte erhalten hätte, wenn die Arbeitszeit nicht durch das Altersteilzeitarbeitsverhältnis vermindert worden wäre, und dem Arbeitsentgelt nach § 5 Abs. 1, höchstens jedoch bis zur Beitragsbemessungsgrenze.

Fassung für Altersteilzeitverhältnisse, die ab 1.7.2004 angetreten werden:

Zusätzlich zu den gesetzlichen Arbeitgeberbeiträgen zur Sozialversicherung für das Arbeitsentgelt nach § 5 Abs. 1 entrichtet der Arbeitgeber für die/den Angestellte(n) gem. § 3 Abs. 1 Ziff. 1b ATG Beiträge zur gesetzlichen Rentenversicherung. Die zusätzlichen Beiträge zur gesetzlichen Rentenversicherung sind jeweils mindestens in Höhe des Beitrages zu entrichten, der auf 80 % des Regelarbeitsentgeltes für die Altersteilzeitarbeit, begrenzt auf den Unterschiedsbetrag zwischen 90 % der monatlichen Beitragsbemessungsgrenze und dem Regelarbeitsentgelt, entfällt, höchstens bis zu Beitragsbemessungsgrenze.

§ 7 Erlöschen und Ruhen der Ansprüche

(1) Der Anspruch auf Leistungen aus diesem Abkommen erlischt mit dem Zeitpunkt der Beendigung des Altersteilzeitarbeitsverhältnisses gemäß § 2 Abs.1.

(2) Der Anspruch auf Leistungen nach § 5 Absatz 2 erlischt im Falle des Todes der/des Angestellten mit Ablauf des Sterbemonats.

(3) Der Anspruch auf die Leistungen aus diesem Abkommen ruht während der Zeit, in der die/der Angestellte neben der Altersteilzeitarbeit Beschäftigungen oder selbstständige Tätigkeiten ausübt, die die Geringfügigkeitsgrenze des § 8 des Vierten Buches Sozialgesetzbuch überschreiten, oder aufgrund solcher Beschäftigungen eine Lohnersatzleistung erhält; die Grenze hinsichtlich des Sechstels des Gesamteinkommens ist dabei nicht anzuwenden. Der Anspruch auf die Leistungen erlischt, wenn er mindestens 150 Kalendertage ruht. Mehrere Ruhenszeiträume sind zusammenzurechnen. Beschäftigungen oder selbstständige Tätigkeiten bleiben unberücksichtigt, soweit die/der Angestellte sie bereits innerhalb der letzten 5 Jahre vor Beginn der Altersteilzeitarbeit ständig ausgeübt hat.

§ 8 Erstattung, Zurückbehaltungsrecht

(1) Die/der Angestellte hat zu Unrecht empfangenes Altersteilzeitentgelt dem Arbeitgeber vorbehaltlich des Satzes 2 zurückzuzahlen. Trifft die/den Angestellte(n) an der unberechtigten Zahlung des Altersteilzeitentgeltes kein Verschulden, besteht die Rückzahlungspflicht nur insoweit, als er für Zeiträume, für die Altersteilzeitentgelt gezahlt wurde, von dritter Seite Leistungen erhält, die den Anspruch auf Altersteilzeitentgelt ausschließen.

(2) Haben unrichtige Auskünfte Dritter zu Leistungen des Arbeitgebers geführt, auf die nach diesem Abkommen kein Anspruch bestand, ist die/der Angestellte verpflichtet, eine ihr/ihm gegebenenfalls gegen den Dritten zustehende Schadensersatzforderung an den Arbeitgeber abzutreten.

(3) Der Arbeitgeber kann das Altersteilzeitentgelt zurückbehalten, solange die/der Angestellte seine Mitteilungspflichten gem. § 3 Abs. 2 und 4 nicht erfüllt, es sei denn, sie/ihn trifft hieran kein Verschulden. Dasselbe gilt mit einer Ankündigungsfrist von 3 Monaten, wenn und solange die begründete Vermutung besteht, dass die/der Angestellte Altersruhegeld oder andere Versorgungsleistungen i.S.v. § 1 Abs. 1 in Anspruch nehmen kann oder wenn die/der Angestellte einen Antrag i.S.d. § 1 Abs. 4 nicht stellt oder seinen damit zusammenhängenden Mitwirkungspflichten nicht nachkommt.

§ 9 Fälligkeit

Die Leistungen aus diesem Abkommen werden entsprechend der im Unternehmen für die Gehaltszahlung geltenden Regelung gezahlt.

§ 10 Ausschlussfrist

Nach Beginn der Altersteilzeitarbeit sind alle Ansprüche aus diesem Abkommen innerhalb einer Frist von 6 Monaten nach Fälligkeit schriftlich geltend zu machen; andernfalls ist der Anspruch verfallen.

§ 11   Besitzstand

Bei Beginn der Altersteilzeitarbeit laufende Vereinbarungen, die die/der Angestellte mit dem Arbeitgeber zu Sonderkonditionen abgeschlossen hat (z.B. Haustarife, Hypothekendarlehen), werden während der Zeit der Altersteilzeitarbeit weitergeführt.

§ 12   Wiederbesetzung von Arbeitsplätzen

Bei Einstellungen, die infolge von Altersteilzeitvereinbarungen möglich werden, sollen Auszubildende des Unternehmens nach erfolgreichem Abschluss bevorzugt berücksichtigt werden.

§ 13   Mitwirkung der Arbeitnehmervertretung

Die Arbeitnehmervertretung (Betriebsrat/Personalrat) ist unverzüglich über die Anträge auf Abschluss von Altersteilzeitvereinbarungen und deren Abschluss zu unterrichten.

§ 14

(aufgehoben)

§ 15   Öffnungsklausel

Einvernehmlich kann der Arbeitgeber mit allen Angestellten, die unter den Geltungsbereich von Teil III des Manteltarifvertrages für das private Versicherungsgewerbe (MTV) fallen, jeden Beendigungszeitpunkt und jede Form der Altersteilzeit und der Altersteilzeitverteilung (mit oder ohne Blockbildung), die den Bestimmungen des ATG entspricht, vereinbaren. Eine freiwillige Betriebsvereinbarung ist für die Angestellten, die aufgrund ihres Anstellungsvertrages ausschließlich[1] haupt- und/oder nebenberufliche Mitarbeiter anwerben und einarbeiten sowie unterstellte Mitarbeiter

---

[1]   Gelegentliche Vermittlung in anderen Sparten für Konzernunternehmen steht der Anwendung dieser Vereinbarung nicht entgegen.

betreuen (organisierender Außendienst), ebenfalls zulässig, soweit sie den Dotierungsrahmen des § 5 Abs. 1 und 2 nicht unterschreitet.

§ 16 Inkrafttreten, Kündigung

Dieses Abkommen tritt am 1.1.1998 in Kraft und endet am 21.12.2005. Altersteilzeitarbeitsverhältnisse, die spätestens am 1.1.2006 in Kraft getreten sind, werden unbeschadet des Ablaufs dieses Abkommens abgewickelt. Im Übrigen wird die Nachwirkung ausgeschlossen.

Protokollnotiz:

Um dem Altersteilzeitgesetz zu entsprechen, stimmen die Tarifvertragsparteien darin überein, dass Vereinbarungen einer Altersteilzeit mit Blockbildung auch mit leitenden Angestellten, die gemäß § 1 Ziff. 2 Abs. 2 MTV nicht unter den Geltungsbereich des Manteltarifvertrages fallen, abgeschlossen werden können.

Protokollnotiz zu § 1 Absatz 6:

Die Tarifvertragsparteien gehen davon aus, dass die 5 %-Grenze des § 3 Abs. 1 Nr. 3 ATG unternehmensbezogen zu ermitteln ist.

Empfehlung:

Älteren Angestellten, die mit ihrem Arbeitgeber nur deshalb kein Altersteilzeitarbeitsverhältnis vereinbaren können, weil sie die Voraussetzungen des § 1 Abs. 2 des Altersteilzeitabkommens nicht erfüllen, soll dennoch ein früheres Ausscheiden aus dem Arbeitsleben unter sozial vertretbaren Bedingungen ermöglicht werden. Dies kann z.B. durch eine Vereinbarung über den vorzeitigen Eintritt in den Ruhestand gegen Zahlung einer Abfindung geschehen.

Für die Berechnung dieser Abfindung empfehlen die Tarifvertragsparteien, auf die Gesamthöhe der Aufstockungszahlungen i.S.d. § 5 Abs. 2 und § 6 des Altersteilzeitabkommens abzustellen, die aufzubringen wären, wenn mit der/dem Angestellten eine Altersteilzeitvereinbarung abgeschlossen werden könnte.

Stuttgart, den 26.11.1997

Unterschriften

Entwicklung der Indices der Tarifgehälter und der Lebenshaltungskosten

Datum	Gehalts- erhöhung in %	Gehalts- index[1]	Lebens- haltungs- index[2]	Datum	Gehalts- erhöhung in %	Gehalts- index[1]	Lebens- haltungs- index[2]
01.01.51	10,0	110,0	100,0	01.10.74	0,9	600,6	194,1
01.01.52	10,0	121,0	109,7	01.04.75	6,5	639,6	201,6
01.01.53	7,5	130,1	107,5	01.04.76	6,0	678,0	211,3
01.01.54	6,0	137,9	105,6	01.04.77	8,1	732,9	218,8
01.01.55	7,5	148,2	107,5	01.04.78	5,5	773,2	225,5
01.01.56	7,0	158,6	109,0	01.04.79	5,1	812,6	232,6
01.01.57	6,0	168,1	112,0	01.04.80	7,5	873,5	246,0
01.01.58	6,0	178,2	115,3	01.04.81	5,2	918,9	260,2
01.07.59	4,5	186,2	117,2	01.04.82	4,2	957,5	273,2
01.07.60	7,0	199,2	118,7	01.04.83	3,2	988,1	284,0
01.10.61	10,8	220,7	121,7	01.04.84	3,5	1.022,7	292,2
01.10.62	7,0	236,1	122,8	01.04.85	3,6	1.059,5	299,3
01.10.63	5,0	247,9	126,9	01.04.86	3,2	1.093,4	299,3
01.10.64	3,0	255,3	129,5	01.04.87	3,0	1.126,2	299,3
01.02.65	5,0	268,1	131,4	01.04.88	3,5	1.165,6	302,3
01.01.66	4,0	278,8	136,6	01.04.89	3,9	1.211,1	311,2
01.07.66	7,1	298,6	138,5	01.10.90	6,0	1.283,8	323,5
01.07.67	2,75	306,8	141,1	01.10.91	6,7	1.369,8	335,8
01.07.68	5,0	322,1	142,6	01.11.92	4,2	1.427,3	348,3
01.04.69	6,8	344,0	145,6	01.02.94	2,0	1.455,8	368,4
01.12.69	6,2	365,3	147,1	01.05.95	3,8	1.511,1	376,4
01.04.70	10,1	402,2	150,5	01.05.96	1,9	1.539,8	381,9
01.04.71	7,7	433,2	157,6	01.12.97	2,0	1.570,6	391,9
01.04.72	7,5	465,7	165,8	01.04.99	3,2	1.620,9	394,9
01.11.72	1,5	472,7	171,0	01.05.00	2,5	1.661,4	398,9
01.04.73	11,6	527,5	177,0	01.06.01	2,8	1.707,9	410,4
01.04.74	11,4	587,6	190,0	01.07.02	3,5	1.767,7	415,4
01.07.74	1,3	595,2	192,2	01.01.04	1,8	1.799,5	421,4

1   Stichtagsindex der Tarifgehälter; Basis: 1950 = 100.

2   Bis Ende 1999 wird der Preisindex für die Lebenshaltung von 4-Personen-Arbeitnehmer-Haushalten mit mittlerem Einkommen jeweils im Monat der Tarifgehaltserhöhung verwendet; berechnet nach der Verbraucherstruktur von 1995. Danach wird der Verbraucherpreisindex für Deutschland (VPI) verwendet. Bedingt durch die Umstellung auf das neue Basisjahr (2015 = 100) wurde der Index ab 1.1.2015 neu berechnet.

Datum	Gehalts-erhöhung in %	Gehalts-index[1]	Lebens-haltungs-index[2]	Datum	Gehalts-erhöhung in %	Gehalts-index[1]	Lebens-haltungs-index[2]
01.01.05	1,3	1.822,9	427,9	01.08.13	3,2	2.188,1	495,9
01.04.06	2,0	1.859,4	438,9	01.10.14	2,2	2.236,2	498,9
01.04.07	1,0	1.878,0	447,9	01.09.15	2,4	2.289,9	503,4
01.01.08	3,0	1.934,3	455,4	01.10.16	2,1	2.338,0	507,4
01.01.09	1,6	1.965,2	459,9	01.11.17	2,0	2.384,8	511,9
01.04.10	2,5	2.014,3	467,4	01.12.18	1,7	2.425,3	522,4
01.09.11	3,0	2.074,7	479,4	01.04.20	2,8	2.493,2	–
01.10.12	2,2	2.120,3	488,9	01.06.21	2,0	2.543,1	–

Quelle: AGV; Statistisches Bundesamt

4. Auflage Januar 2020

Entwicklung des Gehaltstarifindex in der Versicherungswirtschaft auf Jahresbasis

Der vom Arbeitgeberverband der Versicherungsunternehmen in Deutschland errechnete Index für die Entwicklung des Gehaltstarifniveaus in der privaten Versicherungswirtschaft, der alle Strukturänderungen des Tarifgefüges, jedoch keine tariflichen Nebenleistungen berücksichtigt, entwickelte sich auf Jahresbasis seit 1980 wie folgt:

Jahr	Gehaltsindex 1980 = 100	Erhöhung gegenüber Vorjahr in %	Lebenshaltungsindex	Erhöhung gegenüber Vorjahr in %
1980	100,0	--	100,0	--
1981	105,8	5,8	106,3	6,3
1982	110,6	4,5	111,8	5,2
1983	114,4	3,5	115,4	3,2
1984	118,3	3,4	118,3	2,5
1985	122,6	3,6	120,7	2,0
1986	126,6	3,3	120,6	-0,1
1987	130,6	3,1	120,8	0,2
1988	135,0	3,4	122,2	1,2
1989	140,1	3,8	125,6	2,8
1990	143,6	2,5	128,9	2,6
1991	152,5	6,2	133,7	3,7
1992	161,2	5,7	140,4	5,0
1993	166,9	3,5	146,7	4,5
1994	169,9	1,8	150,5	2,6
1995	174,5	2,7	153,2	1,8
1996	178,8	2,5	155,2	1,3
1997	180,2	0,8	158,3	2,0
1998	183,5	1,8	159,7	0,9
1999	187,9	2,4	160,7	0,6
2000	192,6	2,5	162,9	1,4
2001	197,4	2,5	166,2	2,0
2002	203,1	2,9	168,4	1,3
2003	206,8	1,8	170,3	1,1
2004	210,5	1,8	173,2	1,7
2005	213,2	1,3	175,8	1,5
2006	216,4	1,5	178,6	1,6
2007	219,3	1,3	182,7	2,3

Jahr	Gehaltsindex 1980 = 100	Erhöhung gegen- über Vorjahr in %	Lebens- haltungsindex	Erhöhung gegen- über Vorjahr in %
2008	226,5	3,3	187,5	2,6
2009	230,1	1,6	188,1	0,3
2010	234,5	1,9	190,2	1,1
2011	238,3	1,6	194,2	2,1
2012	244,5	2,6	198,1	2,0
2013	251,8	3,0	200,9	1,4
2014	257,8	2,4	202,9	1,0
2015	264,2	2,5	203,9	0,5
2016	269,7	2,1	204,9	0,5
2017	274,8	1,9	208,0	1,5
2018	279,7	1,8	211,7	1,8
2019	284,2	1,6	214,7	1,4
2020	290,2	2,1	–	–
2021	295,7	1,9	–	–

Quelle: AGV; Statistisches Bundesamt

4. Auflage Januar 2020